Ferdinand Wiesbaden

Studien und Erfahrungen über die Heilquellen von Kreuznach

Ferdinand Wiesbaden

Studien und Erfahrungen über die Heilquellen von Kreuznach

ISBN/EAN: 9783743627444

Hergestellt in Europa, USA, Kanada, Australien, Japan

Cover: Foto ©ninafisch / pixelio.de

Weitere Bücher finden Sie auf **www.hansebooks.com**

STUDIEN UND ERFAHRUNGEN

ÜBER DIE

HEILQUELLEN von KREUZNACH

VON

Dr. F. Wiesbaden.

KREUZNACH.
VERLAG VON R. VOIGTLÄNDER.
1865.

B. Oertliche Ernährungsstörungen.
  I. Krankheiten der Haut 63
  II. Krankheiten der Lymphdrüsen und des Unterhautzellgewebes 80
  III. Krankheiten der Schleimhäute und Sinnesorgane 84
  IV. Krankheiten der Knochen und Gelenke 90
  V. Krankheiten der Generationsorgane 96
    A. Der männlichen 96
    B. Der weiblichen 98
    Anhang: Nerven- und Unterleibskrankheiten ... 112

Einleitung.

Sämmtliche Mineralquellen Kreuznach's und der nahe gelegenen Salinen entspringen aus dem der ältern Gebirgsperiode angehörigen Porphyr, abweichend von andern ihnen verwandten Kochsalzquellen, die gewöhlich in Kalk-, Gyps- oder Thonlagern, Erzeugnissen jüngerer Formation, ihren Ursprung nehmen. Wenn gleich für praktische Zwecke ohne näher liegendes Interesse, gewinnt dieses eigenthümliche geologische Verhalten unserer Mineralquellen doch insofern an Bedeutung, als ihr chemischer Charakter wesentlich dadurch bedingt wird. Während nämlich die übrigen Kochsalzquellen aus den die Steinsalzlager umschliessenden Erdschichten mannigfache Beimischungen, wie schwefelsaure Salze, in sich aufnehmen, gehen letztere unserm Mineralwasser gänzlich ab, wohingegen andere nur den ältern Gebirgsarten angehörige Bestandtheile, wie Lithium, Chlorkalium und phosphorsaure Thonerde, in diesem sich vorfinden. Ob jedoch der Phorphyr selbst, oder in grosser Tiefe oder weiter Ferne gelegene Steinsalzlager die eigentliche Ursprungsstätte der hiesigen Mineralquellen bilden, mag, als eine unter Fachgenossen noch offene Frage, hier unerledigt bleiben.

Bevor wir zur näheren Beschreibung der einzelnen Quellprodukte übergehen, scheint mir die Feststellung der gangbaren Nomenclatur unerlässlich, da, wie mich die tägliche Erfahrung lehrt, dieselbe noch nicht Gemeingut des ärztlichen Publikums geworden. — Wir benutzen hier zunächst das einfache Mineralwasser, wie es die einzelnen Quellen liefern, zum Trinken und Baden, und benennen dasselbe auch je zuweilen mit dem technischen Ausdruck „Brunnensoole"; da überhaupt eine jede Kochsalzlösung, unabhängig von ihrem Procentgehalt, in der technischen Sprache „Soole" genannt wird. Dieses einfache Mineralwasser ist hier durchschnittlich 1 Procent stark, d. h. 100 Theile enthalten neben 99 Theilen Wasser 1 Theil Kochsalz nebst andern Verbindungen. Da nun dieses 1 procentige oder 1 löthige Wasser für die unmittelbare Kochsalzgewinnung zu schwach d. h. nicht „sudwürdig" ist, so wird dasselbe auf den Salinen zuvörderst einem umfangreichen Verdunstungsprocesse unterworfen, wodurch es allmählig von 1 zu 14 ja 18 Procent gebracht, und hierdurch sudwürdig d. h. zur sofortigen Salzgewinnung durch Sieden fähig gemacht wird. Ersteres geschieht auf den Gradirhäusern, wo die 1 procentige Brunnensoole mittelst Pumpenwerke so oft auf die Höhe einer weit ausgebreiteten Reiserfläche gehoben wird, an der sie tropfenweise herabfällt, bis sie in dem letzten Sammelkasten jenen höheren Procentgehalt angenommen. Diese durch den Gradirungsprocess gewonnene Soole stellt die gradirte Soole dar, die je nach ihrem Procentgehalt 3-, 6-, 10- etc- procentige oder löthige Soole genannt wird. Unsere einfachen Mineralwasserbäder sind daher schon *eo ipso* Soolbäder, d. h. Bäder von 1 procentiger Brunnensoole, im Gegensatz zu andern Badeorten z. B. Ischl, wo eine durch Auslaugung gewonnene gesättigte Soole, durch Süsswasser verdünnt, zu Badezwecken verwendet wird. Die Gradirsoole sämmtlicher Gradirwerke sammelt sich schliesslich in einem im Sudhause befindlichen gemeinschaftlichen Reservoir, aus dem die einzelnen Sudpfannen gespeist werden. Nachdem hier die gradirte Soole einem mehrtägigen Siedeprocesse ausgesetzt worden, beginnt bei einer Concentration von 24 Procent das Kochsalz zunächst an der Oberfläche dann in der ganzen Masse in Krystallen sich auszuscheiden, die man abschöpft, während die übrigen Soolbestandtheile in der Flüssigkeit gelöst zurückbleiben, und die s. g. Mutterlauge darstellen. Diese flüssige Mutterlauge wird zuletzt behufs leichtern Transports noch so weit abgedampft, dass sie erkaltet eine feste Masse bildet, in welcher Form sie als eingedickte **Mutterlauge** oder **Mutterlaugensalz** in den Handel kommt*). Die flüssige Mutterlauge hat indess immerhin eine grössere Gleichförmigkeit vor der festen voraus, da sich in dieser beim Erkalten verschiedene Schichten bilden, die chemisch nicht ganz identisch sind. Auch wird schon seit geraumer Zeit die flüssige Mutterlauge, statt wie früher in zerbrechlichen Vitriolflaschen, in 12 quarthaltigen Korbkrügen versandt, wodurch ihr Transport ein gesicherter geworden.

---

*) Ein Quart = 48 Unzen flüssiger Mutterlauge entspricht $1^2/_3 - 2$ Pfund Mutterlaugensalz, so dass dieses zu jener beiläufig wie 2:3 sich verhält.

Erstes Kapitel.

Physikalisch-chemischer Charakter der Kreuznacher Mineralquellen.

I. Das Mineralwasser.

A. Physikalische Eigenschaften desselben.

Die Temperatur der einzelnen Quellen variirt in einer Breite von 10—24,5° R., wie aus folgender Zusammenstellung ersichtlich:

Temperatur der	Elisabethquelle	=	10° R.
„	„ Nahequelle	=	8° R.
„	„ Oranienquelle	=	10° R.
„	des Karlshaller Brunnens	=	19° R.
„	„ Theodorshaller „	=	17° R.
„	„ Münsterer „	=	24,5 R.

Das specifische Gewicht, von 1,001—1,095, erleidet bei den Brunnen, die zugleich zur Salzbereitung dienen, gewisse Veränderungen, die von dem stärkeren oder schwächeren Betriebe abhängig sind; dessgleichen schwankt der feste Gehalt in den einzelnen Quellen von 1—1$^{3}/_{4}$ pCt.

Das Aussehen des Wassers ist klar, farblos und durchsichtig; in einem frischgefüllten Glase entwickelt sich nur eine unbedeutende Menge aufsteigender Gasbläschen. Der atmosphärischen Luft ausgesetzt, wird das Wasser trübe, die Farbe zieht mehr ins Gelbliche, eine

Menge bräunlicher Flocken schwimmt zuerst in der Flüssigkeit, und schlägt sich bald auf dem Boden und den Wänden des Gefässes nieder. Das Niederfallen hört nach 24 Stunden auf, und das Wasser bekommt wieder seine frühere klare Farbe. In einer fest verkorkten Flasche bildet sich dieser Niederschlag nicht so rasch, und ist nach einigen Tagen beendigt; derselbe besteht grösstentheils aus Eisenoxydhydrat und kohlensaurem Kalk nebst Thon- und Kieselerde.

Der Geschmack des Wassers ist bitterlich-salzig, auf der Zunge etwas prickelnd; er differirt in den einzelnen Quellen nur nach dem verschiedenen Gehalt an festen Bestandtheilen.

B. Chemische Beschaffenheit des Mineralwassers.

Die chemische Auffassung der hiesigen Quellen hat seit ihrem ersten Auftreten bis heute so mannigfache Wandlungen erfahren, dass es in der That keiner kleinen Anstrengung bedurfte, festgewurzelte Irrthümer auszurotten, und besserer Einsicht Bahn zu brechen. Seit nämlich durch Liebig zuerst Jod und das 1826 durch Balard im Meerwasser entdeckte Brom in unsern Quellen aufgefunden worden, lenkte sich die Aufmerksamkeit der Aerzte vorzugsweise jenen beiden Stoffen zu, und so entstand, durch das glänzende Beispiel Kreuznach's ermuntert, nach und nach an allen Badeorten jüngern wie ältern Datum's eine wahre Treibjagd auf diese neuen Körper, bis man so glücklich war, sie in irgend einer Decimalstelle so ziemlich überall zu finden. Ein ganz besonderes Relief erhielt Kreuznach durch die Analyse des Karlshaller Brunnens von G. Osann in Würzburg aus dem Jahre 1836, die, in Verbindung mit der Mutterlaugenanalyse desselben Chemikers, die Signatur unserer Quellen für die ganze Folgezeit bildete. Wiewohl nämlich schon früher einzelne Quellen der Salinen von verschiedener Seite untersucht worden waren, so blieb doch jene Osann'sche Analyse, in der zuerst jenen neu entdeckten Körpern Rechnung getragen war, für Kreuznach massgebend und epochemachend. Nach derselben enthielten 16 Unzen Karlshaller Brunnens:

Chlornatrium	59,6651	Gran.
Chlorcalcium	2,5612	„
Chlormagnium	0,6786	„
Chlorkalium	0,4071	„
Chlorlithium	0,0566	„
Chloraluminium	0,4321	„
Manganchlorür	0,6538	„
Bromcalcium	6,6025	„
Brommagnium	1,3672	„
Jodnatrium	0,0140	„
Kohlens. Kalk	0,6133	„
Kohlens. Bittererde	0,4730	„
Kohlen- und quellsaures Eisenoxydul	0,3615	„
Quellsalzsaure und ein eigenthümlicher harziger Stoff	1,4717	„
Kieselerde	0,0313	„
Summa:	75,4220	Gran.

$\left. \begin{array}{l} 6{,}6025 \\ 1{,}3672 \end{array} \right\} = 7{,}9697$ Gr. Bromverbindungen.

Gasförmige Bestandtheile:

Kohlensaures Gas	3,98	par. Zoll.
Atmosphärische Luft	0,93	„ „
	4,91	par. Zoll.

Es war somit für die Bezeichnung unserer Quelle als einer „bromreichen" eine chemische Unterlage gewonnen, die durch die Mutterlaugenanalyse desselben Chemikers — (s. u.) — eine weitere Stütze fand; der „Jodreichthum" ist freilich selbst in dieser Analyse nicht sehr frappirend.

NB. Durch neue Bohrarbeiten ist seit jener Zeit der feste Gehalt der Karlshaller Quelle auf 104 Gran in 16 Unzen, die Temperatur von 12° auf 19° R. gestiegen.

Einen neuen Aufschwung erfuhr Kreuznach durch die im Jahre 1832 entdeckte Elisabethquelle und deren zum Kurgebrauch weitere Instandsetzung in den folgenden Jahren. Die erste Analyse dieses Brunnens von Löwig stammt aus dem Jahre 1838, der sich die Analyse von Bauer vom Jahr 1840 anschloss. Nach diesen enthalten 16 Unzen der Elisabethquelle:

	Lowig.	Bauer.	
Chlornatrium	72,883 Gran.	72,9223 Gran.	
Chlorcalcium	13,389 „	13,2769 „	
Chlormagnium	4,071 „	0,2515 „	
Chlorkalium	0,624 „	0,9717 „	
Chlorlithium	0,613 „	0,0750 „	
Brommagnium	0,278 „	0,3072 „ Bromnatrium.
Jodmagnium	0,035 „	0,0032 „ Jodnatrium.
Kohlens. Kalk	1,693 „	1,3511 „ Kohlens. Magnesia.
Kohlens. Baryt	0,017 „	0,2994 „
Bittererde	0,106 „	0,6835 „ Kohlens. Stroutian.
Eisenoxyd	0,154 „	0,1993 „ „ Eisenoxydul.
Manganoxydoxydul	0,006 „	0,0095 „ „ Manganoxydul.
Phosphors. Thonerde	0,025 „	0,0215 „ „ Thonerde.
Kieselerde	0,129 „	0,3139 „
Summa:	94,023 Gran.	90,6864 Gran.	

Die im Liebig'schen Laboratorium ausgeführte Analyse der Oranienquelle ergab für 16 Unzen:

Chlornatrium	108,70 Gran.
Chlorcalcium	22,74 „
Chlorkalium	0,46 „
Brommagnesium	1,78 „
Jodmagnesium	0,01 „
Kohlens. Kalk	0,25 „
„ Magnesia	0,13 „
„ Eisenoxydul	0,35 „
Kieselerde	0,99 „
Phosphors. Thonerde	0,09 „
Chlorlithium	
Reine Thonerde	Spuren.
Organische Materie	
Feste Bestandtheile:	135,54 Gran.

Die Analyse des Münsterer Brunnens rührt aus dem Jahre 1853 von Mohr. Nach derselben enthalten 16 Unzen bei einem spec. Gew. von 1,00707:

Chlornatrium	53,7230 Gran.
Chlorcalcium	9,7612 „
Chlormagnium	1,2956 „
Chlorkalium	1,1819 „
Bromnatrium	0,5844 „

Jodnatrium · · · · · ·	unbestimmt	
Kohlens. Kalk · · · · ·	0,9891	Gran.
„ Eisenoxydul · · ·	0,0299	„
Kieselerde · · · · · ·	0,0069	„
Summa der festen Bestandtheile:	67,5720 Gran.	

An flüchtigen Bestandtheilen fand **Mohr** bei $0°$ R. und normalem Barometerstand: Kohlensäuregas 20,9 Volumprocente.

NB. Seit dieser Zeit hat in Folge weiterer Bohrversuche sowohl der Salzgehalt als die Temperatur dieser Quelle zugenommen, derart, dass **Polstorf** am 29. Mai 1855 die Temperatur $= 24,5°$ R., den Salzgehalt in 16 Unzen $= 76,724$ Gran fand, wornach also die einzelnen Zahlenwerthe in der **Mohr**'schen Analyse eine entsprechende Erhöhung erfahren müssen. Das Jod wurde quantitativ von **Mohr** nicht näher bestimmt, dagegen von **Polstorf** auf 0,004 Gran Jodnatrium aus der Mutterlauge berechnet.

Die bis jetzt mit chemischer Genauigkeit noch nicht untersuchten Quellen sind in der Qualität der Bestandtheile alle gleich, und differiren nur rücksichtlich ihres absoluten Salzgehalts. An diese schliessen sich zwei erst kürzlich aufgefundene Quellen in der nächsten Nähe der Badeinsel, die nach vorläufiger Untersuchung ganz in die Reihe der älteren treten.

Eine vergleichende Betrachtung obenstehender Analysen führt zu dem Resultate, dass statt der Osann'schen 8 Gran sich in Wirklichkeit nur $1/6 - 1/2$ Gran Bromverbindungen in 16 Unzen unsers Mineralwassers vorfinden; das Jod kommt in allen Analysen nur spurweise vor.

II. Die gradirte Soole.

Nachdem ich zuerst die gradirte Soole als naturgemässe Verstärkung der einfachen Bäder in Vorschlag gebracht hatte, liess ich es mir angelegen sein, eine Analyse derselben, die bis dahin fehlte, durch

Berechnung festzustellen, wobei ich, mit Zugrundelegung der Löwig'schen Analyse der Elisabethquelle, zu folgendem Resultate gelangte. 16 Unzen 18löthiger Soole enthalten:

Chlornatrium	1311,894 Gran.
Chlorcalcium	241,002 „
Chlormagnium	73,278 „
Chlorkalium	11,232 „
Brommagnium	5,004 „
Jodmagnium	0,630 „
Thonerde	} wechselnd.
Eisenoxydul	
Summa der festen Bestandtheile:	1643,010 Gran.

Erst nach langen Jahren fand diese Berechnung durch Mohr ihre thatsächliche Bestätigung. Nach diesem enthält die 14löthige Soole von Münster bei einem spec. Gew. von 1,1118 in 16 Unzen:

Chlornatrium	927,6365 Gran.
Chlorcalcium	155,4586 „
Chlormagnium	12,0192 „
Chlorkalium	19,0771 „
Bromnatrium	9,7766 „
Jodnatrium	0,0056 „
Thonerde	0,2304 „
Eisenoxyd	Spuren.
Summa der festen Bestandtheile:	1124,2040 Gran.*)

NB. Auch hier rührt die Berechnung des Jodgehalts von Polstorf.

Bei dem Gradirprocesse scheiden sich die erdigen Bestandtheile und das Eisen der einfachen Soole grösstentheils aus, und setzen sich theils als Dornenstein an den Dornenwänden ab, theils sammeln sie sich als Schlamm in dem Kasten der Gradirwerke.

Das Aussehen der gradirten Soole ist klar, durchsichtig, in's Gelbliche spielend; der Geschmack scharf-salzig; das specifische Gewicht entspricht dem jeweiligen Concentrationsgrade der Soole.

---

*) Anm. Die scheinbare Differenz der absoluten Zahlenwerthe beruht auf der verschiedenen Concentration der untersuchten Soolen; ich bestimmte eine 18procentige, Mohr eine 14procentige Soole.

III. Die Mutterlauge.

A. Physikalische Eigenschaften.

Dieselbe ist klar, dunkelbraun, dickflüssig wie Oel; sie erzeugt auf der Haut ein eigenthümliches fettiges Gefühl, doch macht sie dieselbe bei längerer Berührung spröde und runzelig; beim Umrühren und Ausgiessen bildet sie einen starken, weisslichen Schaum. Ihr Geschmack ist bitter-salzig, zusammenziehend, auf der Zunge scharfbrennend; ihr spec. Gew. variirt zwischen 1,307 und 1,314 bei 15° R. je nach dem verschiedenen Concentrationsgrade. Sie lässt sich nur in gläsernen oder steinernen Gefässen aufbewahren, hölzerne werden bald von ihr durchdrungen und zernagt.

B. Chemische Beschaffenheit.

Auch von der Mutterlauge besitzen wir Analysen aus früheren Jahren, die jedoch, da auf Brom keine Rücksicht genommen werden konnte, heute nur noch historisches Interesse darbieten. Die erste umfassende Analyse stammt wieder von G. Osann aus dem Jahre 1836, der für die Mutterlauge folgende Zusammensetzung angab.

1. 100 Theile Münsterer Mutterlauge enthalten:

Bromcalcium	24,12	⎫ = 24,60 Bromver-
Brommagnium	0,48	⎭ bindungen.
Chlorcalcium	9,29	
Chlorkalium	0,80	
Chlornatrium, harzartige Materie,		
quellsaures Eisenoxydul	1,28	
Jodine	0,18	
Wasser	63,85	
	100	

Oder auf 16 Unzen berechnet:

Bromcalcium	1852,41	Gran. ⎫	= 1889,27 Gran.
Brommagnium	36,86	„ ⎭	Bromverbindungen.
Chlorcalcium	713,47	„	

Chlorkalium	61,44 Gran.
Chlornatrium etc.	98,30 „
Jodine	13,82 „
	2776,32 Gran.

2. 16 Unzen Theodorshaller Mutterlauge bei einem spec. Gew. von 1,3143 enthalten:

Bromcalcium	338,72 Gran.	
Bromnatrium	154,10 „	= 585,64 Gran
Bromkalium	92,82 „	Bromverbindungen.
Chlorcalcium	1577,71 „	
Chlornatrium	60,34 „	
Chlormagnium	38,14 „	
Chlorkalium	17,30 „	
Quellsäure und Quellsalzsäure, harzartige Stoffe mit Spuren von Jod	216,13 „	
Thonerde mit Eisenoxydul	35,66 „	
Wassergehalt der Salze und Verlust	43,50 „	
	2575,72 Gran.	

Ein flüchtiger Blick genügt, die Widersprüche in diesen beiden Analysen aufzudecken, da das Verhältniss der Chlor- und Bromverbindungen in der einen und andern gerade umgetauscht ist; doch bedurfte es von meiner Seite nicht gewöhnlicher Anstrengungen, dies dem ärztlichen Publikum begreiflich zu machen, da der damals tonangebende Vetter in der zweiten Auflage seines balneologischen Werkes (Bd. 2, S. 388) allen Ernstes behauptete „die Sache sei ganz in Ordnung." Dies veranlasste mich im Jahre 1847, den wahren Gehalt der Mutterlauge durch Berechnung festzustellen, was zu folgendem überraschenden Resultate führte:

16 Unzen Mutterlauge enthalten:

Chlorcalcium	1964,848 Gran.
Chlorkalium	143,708 „
Chlormagnium	37,148 „
Chlornatrium	wechselnd.
Bromnatrium	45,136 „
Jodnatrium	0,444 „

oder in 100 Theilen:

Chlorcalcium	25,85
Chlorkalium	1,88
Chlormagnium	0,48
Chlornatrium	wechselnd.
Bromnatrium	0,59
Jodnatrium	0,05

Statt der 1889,27 Gran Bromverbindungen in 16 Unzen oder 24,60 pCt., fand ich also die bescheidene Menge von 45,43 Gran, oder beiläufig ¹/₇ pCt., und die Menge des Jodnatrium schmolz im Pfunde auf 0,44 Gran zusammen, während das Chlorcalcium allein fast die ganze Masse der festen Verbindungen ausmachte.

Diese Angabe wurde denn auch in demselben Jahre durch eine Mutterlaugenanalyse von Fehling bestätigt, während die Rieckher'schen Untersuchungen zur selben Zeit eine lebhafte Controverse zwischen diesen beiden Würtembergischen Chemikern hervorriefen, die sich zu Gunsten des Ersteren entschied.

Nach alle dem hätte man füglich erwarten sollen, die Ansichten über die chemische Natur der Mutterlauge hätte hiermit ein- für allemal ihren Abschluss gefunden; doch nein; in den Schriften über Kreuznach bis zum Jahre 1853 wurde von alle dem keine weitere Notiz genommen, und die Osann'schen Analysen coursirten vor wie nach unter dem ärztlichen wie Laienpublikum. Dies weckte denn endlich eine Stimme, die sich in einem gediegenen Aufsatze „Entstehung der Mineralquellen" im zweiten Bande „Aus der Natur, 1852" etwas unsanft vernehmen liess, und in dem vortrefflichen ersten Bande von Lersch's Heilquellenlehre S. 292—294 ihren weitern Nachhall fand.

Jetzt endlich liess sich die damalige Brunnenverwaltung herbei, eine neue Analyse der Mutterlauge veranstalten zu lassen, die denn durch den, mit den hiesigen Verhältnissen aufs innigste vertrauten, Herrn Apotheker Polstorf im Mai 1853 ausgeführt wurde. Darnach enthält die flüssige Mutterlauge der Saline Münster bei einem spec. Gew. von 1,3133 folgende Bestandtheile:

a. in 100 Theilen:

Chlorkalium	2,1916 Procent.
Chlornatrium	2,9475 "
Chlorlithium	0,1035 "
Chlorcalcium	23,3069 "
Chlormagnesium	3,0054 "
Chloraluminium	0,0203 "
Bromnatrium	0,7700 "
Jodnatrium	0,0007 "
Eisenchlorid, Manganchlorür und Phosphorsäure-Spuren	
Salze	32,3459 Procent.
Organische Materie und Wasser	67,6541 "
	100,0000 Procent.

b. in 16 Unzen:

Chlorkalium	168,31 Gran.
Chlornatrium	226,37 "
Chlorlithium	7,95 "
Chlorcalcium	1789,97 "
Chlormagnesium	230,81 "
Chloraluminium	1,56 "
Bromnatrium	59,14 "
Jodnatrium	0,05 "
Eisenchlorid, Manganchlorür und Phosphorsäure-Spuren	
Salze	2484,16 Gran.
Organische Materie und Wasser	5295,84 "
Salze:	7680,00 Gran.

NB. Die quantitative Bestimmung des Jod liess sich nur auf colorimetrischem Wege ermitteln.

Aber auch die Königl. Regierung zu Koblenz fand sich mittlerweile bewogen, eine neue Analyse der hiesigen Quellproducte zu veranlassen, die sie den geschickten Händen des dortigen Chemikers Mohr übertrug, deren Resultate, so weit sie den Brunnen und die gradirte Soole angehen, bereits oben angeführt sind, in Betreff der Mutterlauge aber folgendes Ergebniss lieferten.

16 Unzen flüssige Mutterlauge von Münster enthalten bei einem spec. Gew. von 1.3355:

Chlorcalcium	2014,0800 Gran.
Chlormagnium	287,5392 „
Chlorkalium	130,8672 „
Chlornatrium	122,2656 „
Bromnatrium	65,9712 „
Jodnatrium	unbestimmt.
Feste Bestandtheile:	2620,7232 Gran.

Diese beiden neuern Analysen stimmten also unter sich, wie mit der von mir im Jahre 1847 aufgestellten Berechnung, in allen wesentlichen Punkten überein; scheinbare Differenzen beruhen auf dem verschiedenen Concentrationsgrade der untersuchten Mutterlaugen.

In der letzten Zeit ist endlich noch eine Analyse der Theodorshaller Mutterlauge von Bunsen und Kirchhoff in Heidelberg bekannt geworden, die dieselben in einem Aufsatze „chemische Analyse durch Spectral-Beobachtungen von G. Kirchhoff und R. Bunsen" in Poggendorf's Annalen T. CXIII p. 359 veröffentlichten, und deren Resultat folgendes ist.

1000 Theile enthalten:

Chlorcalcium	332,39
Chlormagnesium	32,45
Chlorstrontium	2,86
Chlornatrium	3,44
Chlorkalium	17,22
Chlorlithium	14,53
Bromkalium	6,89
Jodkalium	0,08
Chlorcaesium	bedeutende Spur
Chlorrubidium	Spur

oder auf 16 Unzen berechnet:

Chlorcalcium	2552,75 Gran.
Chlormagnesium	249,21 „

Chlorstrontium	21,96	Gran.
Chlornatrium	26,41	"
Clorkalium	132,09	"
Chlorlithium	111,59	"
Bromkalium	53,00	"
Jodkalium	0,61	"
Chlorcaesium	bedeutende Spur	
Chlorrubidium	Spur	

Summa: 3147,62 Gran.

IV. Die Salinen-Atmosphäre.

Dass bei dem ausgedehnten Verdunstungsprocesse der Soole auf den Gardirwerken die Salinenatmosphäre davon influirt wird, ist einleuchtend, und führt schon die Analogie auf eine Aehnlichkeit mit der Küstenatmosphäre hin, wofür nachstehende Berechnung die thatsächliche Unterlage liefert. Auf den Salinen Karls- und Theodorshalle werden von 44358 Cubikfuss Brunnensoole täglich durchschnittlich 1262 Cubikfuss 16 löthiger Soole durch den Gradirprocess gewonnen, wornach also auf diesen beiden Salinen täglich 43096 Cubikfuss Soole durch Verdunsten und Zerstäuben in die umgebende Luft übergehen. Aehnlich auf der Saline Münster. Dass hierbei nicht blos Wasser verdunstet, geht schon daraus hervor, dass der Verlust an Kochsalz allein 16 pCt. beträgt, der der übrigen Soolbstandtheile in entsprechenden Verhältnissen. Eine chemische Zersetzung der Bestandtheile, derart, dass reines Chlor oder Brom in der Salinenatmosphäre sich vorfände, scheint mir nicht wahrscheinlich, da, so viel mir bekannt, die Chlor- und Bromverbindungen unsers Mineralwassers zu den feuerfesten Körpern gehören, die bei gewöhnlicher Temperatur keine Zersetzung eingehen; vielmehr, dass das Wasser als Ganzes verdunstet, und die festen Soolbestandtheile unzersetzt mit sich fortreisst. Der Geruch, der dem an der Seeküste gleicht, ist ein sehr trügerisches Reagenz, und kann nur eine genaue chemische Analyse — die bisheran fehlt — die letzte Entscheidung geben.

Wir hätten somit in den Gradirwerken grossartige, gleichsam natürliche, Zerstäubungsapparate, wie wir sie in den s. g. Pulverisateur's im Kleinen besitzen.

V. Die Dämpfe über den Siedepfannen.

Bei einer Untersuchung der Siededämpfe zu Münster, zwei Fuss über der versiedenden Soole, fand Polstorf nur an den beiden ersten Tagen während des Kochens einen merklichen Salzgehalt in den Dämpfen, und zwar 0,0072 Gramm in einem Cubikfuss Siededampf von 52° R. am ersten Tage, am zweiten bei 54° R. 0,0170 Gramm. An den folgenden Tagen während des langsamen Verdunstens, des s. g. Soggens, fiel der Salzgehalt auf 0,0007—0,0002 Gramm.

Zweites Kapitel.

Physiologischer Wirkungscharakter der Kreuznacher Mineralquellen.

Wir stehen hier vor einer Frage, die für die therapeutische Werthschätzung eines jeden Arzneimittels, so auch der Mineralquellen, die scientifische Unterlage bildet; und so spiegelt sich in der Beantwortung dieser Frage der jeweilige Standpunkt der Arzneiwissenschaft im Ganzen ab.

Als man noch die Mineralquellen mit Kräften höherer Art ausstattete, und jeglicher eine eigene Schutzgöttin beiordnete, deren Cultus die Priester Aeskulaps in Obhut nahmen, hatte die Frage nach dem Wirkungsgebiete einer jeden Quelle mehr poetisches als wissenschaftliches Interesse. Mit der realern Richtung der Naturwissenschaften wurden auch die Mineralquellen ihres mystischen Gewandes entkleidet, und wir begegnen fortan jener nüchternen Auffassung, die in denselben keine andere Wirkungsfactoren voraussetzt, als die uns die Physik und Chemie als sichere Data an die Hand giebt. Dieser Richtung wurde durch die seit Struve vervollkommnete Fabrikation künstlicher Mineralwasser insofern mächtiger Vorschub geleistet, als man hierdurch einerseits sich veranlasst sah, neue, dem jetzigen Stande der Chemie entsprechende, Analysen der bekannten Mineralquellen vorzunehmen, andererseits tagtäglich Gelegenheit fand, sich von der adäquaten Wirksamkeit der künstlichen Produkte zu überzeugen. Das Bestreben, die künstlichen Produkte auf der Höhe der natürlichen zu erhalten, zum Theil genährt von dem Einwurfe der Gegner, die Chemie habe in den Mineralwasseranalysen ihr letztes Wort noch nicht gesprochen, verdoppelte den Eifer der chemischen Forscher nach dieser Seite hin, und die Entdeckung einer beträchtlichen Anzahl neuer, bisher an unbeachtet gebliebener Körper in den Mineralquellen war die Frucht dieses Bemühens. Nachdem dergestalt der positive Inhalt unsers Quellschatzes festgestellt, und mit jedem Tage weiter verfolgt wurde, nahm die Frage nach der Wirkungsseite der Mineralquellen eine veränderte Gestalt an. Zwei Wege eröffneten sich hier zu einer correcten Beantwortung: die Erfahrung an den einzelnen Heilquellen, und das physiologische Experiment. Streng genommen musste die erstere genügen, insofern sie uns Thatsachen liefert, die, unbekümmert um das Warum, Recht auf Anerkennung verdienen. Und immerhin bleibt das auf diesem Wege gesammelte Material das unveräusserliche Inventar unsers ganzen medizinischen Wissens. Doch täuschen wir uns nicht! Seit Jahrtausenden reiht sich Erfahrung an Erfahrung, und doch sehen wir, wie die Neuzeit eine nach der andern über Bord wirft. Es muss demnach mit der Erfahrung kein so leichtes Ding sein. Und wie sollte es auch anders? Das Endresultat der Einwirkung eines Mittels auf den Organismus beruht nicht auf so einfachen unabänderlichen Gesetzen, wie etwa die Vereinigung einer Säure mit einer Basis zu einem Salze. Zwischen dem ersten Eingriff eines Mittels und dem endlichen Schlusseffect liegt eine so lange Kette von Zwischengliedern, dass die leiseste Alteration je eines Gliedes entsprechende Veränderungen des Schlussaktes veranlasst. Es ist daher auch die Entwirkung eines Mittels weder so augenfällig, um sich sofort als greifbare Thatsache zu documentiren, noch folgt dieselbe so constant auf die erste Einwirkung, um sie ohne Weiteres als deren logische Consequenz beanspruchen zu können. Dieselbe setzt sich vielmehr aus einer fortlaufenden Reihe physiologischer Functionen zusammen, die, je nach ihrem individuellen Lebenszustande, den Schlusseffect unter den mannigfachsten Formen zur Erscheinung bringen. So unterliegt die Constatirung und Beurtheilung dieser Endwirkung den grössten Schwierigkeiten, zumal bei den Mineralwassern, die nicht so heterogene, differente Stoffe dem Organismus zuführen, um sofort auffällige Veränderungen zu erzeugen, sondern homogene, dem Körper durchaus verwandte Elemente, deren sichtbare Wirkung nur sehr allmählig in die Erscheinung tritt. Was man aber so gemeinhin Erfahrung nennt, ist eben nichts anderes, als die aus der Beobachtung vieler Fälle geschöpfte Erkenntniss jener Endwirkungen, *in specie* der Mineralwasser, mithin weder so leicht zu constatiren, noch viel weniger physiologisch zu begründen.

Man hat daher neuerer Zeit den zweiten Weg betreten: das physiologische Experiment. Hier werden an die Natur bestimmte Fragen gerichtet, die sie unter gegebenen Voraussetzungen bestimmt beantworten muss; und zweifellos ist das der Weg, der ein sicheres Ziel vor Augen stellt. Auch ist derselbe auf andern Gebieten der Naturwissenschaften mit Erfolg versucht worden, und verspricht für die Zukunft reiche Ausbeute und neue Angriffspunkte zu ihrer weitern Cultivirung. Indess, auf dem Gebiete der Heilquellenkunde ist dieser Weg bisheran sehr unfruchtbar geblieben; denn wenn wir die Ergebnisse jener achtbaren Forscher, die mit der Wage und dem chemischen Reagenz in der Hand in den letzten Jahren diesen Weg gegangen sind, unpartheiisch in's Auge fassen, so müssen wir über die geringe Ausbeute staunen, die diese mühesamen Untersuchungen zu Tage gefördert haben. Für's erste finden wir selbst bei einem und demselben Experimentator kaum drei Versuche, die unter denselben Bedingungen und für denselben Zweck unternommen, gleichlautende Resultate aufzuweisen haben, und um sie denn doch einigermassen congruent zu machen, wird hinterher zu den gekünsteltsten Interpretationen seine Zuflucht genommen. Auch habe ich mich oft über die Kühnheit der Schlüsse gewundert, die man, auf Grund drei- oder fünftägiger Versuchsreihen, als unwandelbare Indicationen für therapeutische

Zwecke aufgestellt hat. Vergleicht man aber vollends die Ergebnisse verschiedener Forscher über denselben Gegenstand, so stösst man auf ein wahres Chaos von Widersprüchen in den Versuchsresultaten selbst, wie in den daraus gezogenen Schlüssen. — Bei dieser Anschauung scheint es der Mühe werth, den Gründen einer so unwillkommenen Sachlage nachzuspüren. Liegen diese in dem Gegenstande selbst, oder in der unzulänglichen Methode? Wahrscheinlich in beiden. Findet man nach einer mehrtägigen Versuchsreihe die Harnstoffausscheidung innerhalb dieses Zeitraums vermehrt, so liegt der Schluss nahe, der Umsatz stickstoffhaltiger Materie sei unter dem Einflusse des beigebrachten Mittels beschleunigt, insofern uns der ausgeschiedene Harnstoff ein Mass für den Verbrauch stickstoffhaltiger Substanz abgiebt. Welchen Einblick gewinnen wir aber hieraus in die innern Vorgänge des Stoffwechsels überhaupt? Sind es die stickstoffhaltigen Nahrungsmittel oder die Körpersubstanz selbst, die eine beschleunigte Umsetzung erfahren, und wenn letzteres, wo und in welchen Gebilden vollzieht sich dieselbe, und welche Functionsäusserungen sind ihr physiologisches Correlat? Tausend Dinge, und noch einige mehr, beschleunigen den Stoffwechsel, vom lebhaften geistigen Denken bis zum Kampfe mit den Windmühlen! Das wussten wir am Ende schon früher, denn alle ältern Brunnenschriften wimmeln von beschleunigter und veränderter Stoffmetamorphose u. d. gl.; wir hätten somit höchstens für einen bekannten Hergang eine wissenschaftliche Formel gewonnen. Was uns aber Noth thäte, ist, denke ich, nicht jene Stoffwechselbeschleunigung *en gros*, sondern das klare Bewusstsein jener Vorgänge *in concreto*, um daraus bestimmte Indicationen für praktische Zwecke herzuleiten. „In das Innere der Natur dringt kein erschaffener Geist!" Möglich; dann wollen wir uns aber auch nicht einbilden, der bisher verfolgte Weg habe grosse Resultate an's Licht gefördert, und der physiologischen Ergründung der Mineralwasserwirkungen ganz neue Bahnen eröffnet.

Nun aber die Methode anlangend, so wäre, bei so weit gesteckten Zielpunkten, meiner Meinung nach grössere Vorsicht in der Verwerthung der erhaltenen Resultate, und grössere Umsicht in der Prüfung dieser selbst am Platze. Gesetzt auch, die Resultate einer mehrtägigen Versuchsreihe nach Einverleibung eines beliebigen Mittels seien ganz identisch — was aber entschieden nicht der Fall —: so berechtigt uns dies noch nicht, dieselben ohne Weiteres als die directe und nothwendige Folge gerade dieses Mittels anzusprechen und daraus einen durchschnittlichen Mittelwerth abzuleiten, da einerseits eine Menge zufälliger, nicht zu verhütender Nebeneinflüsse an diesem Schlusseffect sich betheiligt haben können, andererseits die Berechnung des physiologischen Mittels, wie bereits Radicke, Professor der Mathematik in Bonn, in einer Abhandlung „über die Bedeutung und den Werth arithmetischer Mittel zur Bestimmung des Einflusses gegebener Momente auf den Stoffwechsel" dargethan, keine so einfache Sache ist. Wie man in der Arithmetik nur gleichartige Grössen summiren kann, so müsste man in der Physiologie oder Pathologie, will man den arithmetischen Calcül zu Hülfe nehmen, zunächst gleiche Einheiten zu Grunde legen, was aber bei der Wandelbarkeit der organischen Objecte schwer ausführbar. Es ist das derselbe Fehler, an dem unsere ganze medicinische Statistik leidet, und wesshalb die Resultate derselben so höchst trügerisch sind. Was lassen sich möglicherweise für Durchschnittszahlen erwarten, wenn man zehn Lungenentzündungen in ihrem Sterblichkeitsverhältnisse mit einander vergleicht? Gar keine; sicherlich keine solche, die uns für die Prognose eines individuellen Falles zur Richtschnur dienen könnte. Natürlich; eine Lungenentzündung ist kein so selbständiges, in sich abgeschlossenes Wesen, um sie als sachliche Einheit mit einer andern Reihe Lungenentzündungen summiren, und daraus Mittelwerthe für einen concreten praktischen Zweck ableiten zu können. Die ontologische Auffassung physiologischer oder pathologischer Zustände ist eben eine unhaltbare Fiction.

Und so spreche ich es als meine tiefste Ueberzeugung aus, dass ich zwar den Weg des physiologischen Experiments auch auf dem Gebiete der Heilquellenkunde neben einer treuen d. h. rationellen Erfahrung — non numerandae sed perpendendae sunt observationes — als den allein zum Ziele führenden betrachte: dass aber die bisheran erzielten Erfolge nicht der Art sind, grosse Hoffnungen zu erwecken; ja dieselben könnten möglicherweise zu einer gewissen Verflachung führen, weil man nach ein paar Dutzend, wenn auch mühevoller, doch im Ganzen leichter Versuche zu gewissen handgreiflichen Schlüssen gelangt, die unter einem wissenschaftlichen Gewande oft nur einen banalen Gemeinplatz bergen.

Die Wirkungsaction eines jeden Mineralwassers lässt sich als aus drei Wirkungseinheiten zusammengesetzt betrachten: dem Wasser, seiner Temperatur und seinem chemischen Gehalt. Indem wir jede dieser Wirkungseinheiten gesondert betrachten, formirt sich das Gesammtbild der Mineralwasserwirkung von selbst, und sowohl das Band, das alle vereinigt, wie die besondern Eigenthümlichkeiten jedes einzelnen treten klarer zu Tage.

I. Das Wasser als Flüssigkeit betrachtet.

Insofern das Wasser die Grundlage aller chemischen wie organischen Processe bildet, ist dasselbe nicht allein integrirender Bestandtheil der organischen Materie, sondern auch bedingendes Element derselben, an dessen relativ normales Verhältniss die physiologische Function der Materie auf's unzertrennlichste geknüpft ist. Wie es aber für keine Körperfunction mathematische Normen giebt, so auch nicht für das Mass der Flüssigkeit, deren derselbe nothwendigerweise zum Lebensprocesse bedarf; dieses Bedürfniss zeigt sich vielmehr innerhalb mehr oder weniger verrückbarer Grenzen eingeschlossen. Doch besitzt der Organismus Hülfsmittel genug, grössere Abweichungen vom Normalzustande auszugleichen, und so in einer gewissen Breite das natürliche Verhältniss zu erhalten. Die innern und äussern Absonderungsorgane sind es im Allgemeinen, die dieses Mittelverhältniss reguliren, indem sie ebensowohl bei Flüssigkeitsüberschuss durch gesteigerte Thätigkeit diesen Ueberschuss entfernen, als bei Flüssigkeitsmangel durch verminderte Thätigkeit diesem Mangel Einhalt thun. Das Wasser bietet uns demnach ein Mittel, durch dessen methodische Anwendung wir gewisse Veränderungen im Organismus zu erzeugen vermögen, die wir zu bestimmten Heilzwecken verwerthen können. Welcher Art diese Veränderungen sind, darüber besitzen wir schätzbare Untersuchungen von Böcker, Genth, Mosler u. a. Bei Wasserentziehung finden wir folgerecht Stockungen in den Se- und Excretionen, insbesondere der Nierensecretion, und zwar nicht allein verminderte Wasserausscheidung, sondern auch der festen Harnbestandtheile, vor Allem des Harnstoffs, dann des Chlornatrium's, der Phosphor- und Schwefelsäure. Desgleichen werden die Secretionen der Haut, des Darmkanals und der sonstigen Absonderungsorgane mehr oder weniger beschränkt. Umgekehrt finden wir bei reichlicher Wasserzufuhr nicht allein die Wassersecretion der Nieren gesteigert, sondern auch die Ausscheidung der festen Harnbestandtheile in Summa vermehrt. Auch hier trifft die quantitative Vermehrung vorzugsweise den Harnstoff, während die Harnsäure, durch höhere Oxydation in Harnstoff umgewandelt, bis zum Verschwinden sich mindert. Wie also bei Wassermangel gehemmter, so bei Wasserüberfluss gesteigerter Stoffwechsel. Sehr natürlich!

Werden wir demnach die Wasserzufuhr bei profusen Absonderungen, bei colliquativen Processen und den davon abhängigen Schwächezuständen beschränken: so dürfen wir von seiner reichlichern Darreichung einen heilsamen Erfolg da erwarten, wo im Organismus eine Tendenz zur Verdichtung, sei es in den flüssigen oder festen Theilen, sich ausspricht, welche Tendenz von der verlangsamten Fortbewegung der Säfte, der Stase, bis zur Verhärtung und Degeneration der Gewebe sich hinzieht, und den fruchtbaren Boden für die Entwickelung allgemeiner chronischer Ernährungsstörungen abgiebt; desgleichen da, wo Auswurfsstoffe, als Producte der regressiven Metamorphose im Organismus zurückgehalten, durch Verdünnung und Anspornung der Se-

und Excretionen aus dem Körper ausgeschieden werden sollen. Das Wasser ist unter diesem Gesichtspunkte das souveränste Resolvens, insofern die Auflösbarkeit der meisten organischen Stoffe ebensowohl mit der Wasserzunahme wächst, als die functionelle Thätigkeit der Organe bei grösserer Durchtränkung mit flüssigem Plasma sich steigert.

Wie ausgebreitet hiernach die Heilwirkungen des Wassers schon von Seiten seiner Flüssigkeit sind, geht aus diesen kurzen Andeutungen zur Genüge hervor; und ohne Zwang liesse sich der grössere Theil der gewöhnlich in das Bereich der Mineralwasser gezogenen Kurerfolge dieser allgemeinen Wirkungsaction des Wassers unterordnen.

II. Die Temperatur des Wassers.

Eine der wichtigsten Bedingungen zur Erhaltung der thierischen Oekonomie ist die Erzeugung einer dem Organismus eigenthümlichen Wärme. Dieselbe ist bei dem verschiedensten Wechsel der äussren Temperatur ziemlich constant, mithin aus dem Lebensprocesse selber hervorgehend, und diesen wiederum bedingend und unterhaltend. — Liegt nun zwar die nächste Quelle der Wärmeerzeugung im Körper selbst, so sind doch die äussern Temperaturen nicht ohne Einfluss auf diesen Process; im Gegentheil besitzen wir in ihnen den mächtigsten Hebel zur Einwirkung auf denselben, und durch ihn auf alle übrigen Functionen des Organismus. — Dieselben Gesetze, die für die Wechselwirkung verschiedener Temperaturen lebloser Körper Geltung haben, wiederholen sich auch hier, mit dem Unterschiede, dass im Organismus mit dieser physikalischen Wechselwirkung ein Ausgleichungsprozess Hand in Hand geht, der, je nach seiner Stärke, der Länge seiner Dauer, der verschiedenen Individualität, andere organische Processe im Gefolge hat, die bei einer rationellen Betrachtung der Temperatureinflüsse in ihrem causalen Zusammenhange aufgefasst werden müssen. Der Austausch gegenseitiger Temperaturen ist aber nicht allein von ihrer quantitativen Differenz abhängig, sondern Leitungsfähigkeit und Wärmecapacität der in Berührung tretenden Körper haben darauf einen nicht minder wesentlichen Einfluss. Da nun das Wasser nicht nur an Wärmecapacität alle andern Körper überragt, sondern auch die Luft, das gewöhnliche Medium des Organismus, an Leitungsfähigkeit bei weitem übertrifft: so leuchtet ein, dass wir mittelst der an das Wasser gebundenen Temperaturen die stärksten Einwirkungen von dieser Seite her zu erzielen im Stande sind.

Wollen wir für den Organismus und die ihn umgebende Temperatur einen möglichsten Indifferenzpunkt aufstellen, so wäre dies die specifische Temperatur des Organismus selbst, also 38—39° C. — Blutwärme — für die innern Theile, 35° C. = 28° R. für die äussern — Hautwärme —. Wird nun Wasser unter oder über Blutwärme dem Körper einverleibt, so wird, je nach der grössern oder geringern Distanz von dieser Temperaturgrenze, der erste Choc auf die berührten Theile ein stärkerer oder schwächerer sein, und die in Folge dessen producirten örtlichen wie allgemeinen Circulations- und Innervationserscheinungen in höherem oder niederem Grade zum Ausdruck gelangen. Doch werden sich hierbei die Temperaturdifferenzen sehr bald ausgleichen, da im Allgemeinen bei der innerlichen Application nur kleine Portionen Wasser auf einmal zur Anwendung kommen. Anders bei der äussern Anwendung als Bad. Umgeben wir den Körper mit Wasser auf 28° R. erwärmt, so sind beider Temperaturen im Gleichgewicht, und der physikalische Wärmeaustausch unerheblich. Welche Folgen jedoch müssen aus der längern Dauer dieser Einwirkung für den Organismus erwachsen? Dieser, gewohnt Wärme durch die Haut auszustrahlen, entbehrt des kühlern Mediums, dem er sie mittheilen könnte; die innere Wärmeproduction geht ihren Gang fort; es wird sich somit früher oder später ein Wärmeüberschuss im Körper erzeugen, der alle Folgen einer ihm von aussen zugeführten höhern Wärme theilen wird; das scheinbar Indifferente wird zur

Differenz durch die natürlichen Processe des lebenden Organismus. — Wirkung der warmen Bäder.

Steigern wir die Wärme des Wassers noch um einige Grade, theilen wir also dem Körper noch Wärme von aussen mit, so wird die innere Wärmeanhäufung ungleich rascher und stärker sich entwickeln, und die heftigste Rückwirkung auf Blut- und Nervensystem die unausbleibliche Folge sein. — Einfluss heisser Bäder.

Fallen wir unter 28° R., so werden die verschiedenen Abstufungen vom Lauen, Kühlen bis zum Kalten sich uns darstellen, leise in einander übergehend, und nicht bloss nach der absoluten Temperatur des Wassers, sondern auch nach der individuellen Constitution und manch äussern Verhältnissen bestimmbar. Der Begriff der Lauheit umfasst die Temperaturschwankungen zwischen 27 und 28° R., während das Kühle und Kalte, innerhalb weniger fester Grenzen unter dem letztgenannten Temperaturgrade liegt. — Befindet sich nun der Körper in Wasser unter seiner eigenen Hauttemperatur, so wird jener an dieses, durch Wärmecapacität und Leitungfähigkeit ausgezeichnete, Medium beständig Wärme abgeben; diese Mittheilung wird zunächst an der Berührungsfläche, der Haut, stattfinden, an dieser also die Wärmeabnahme am frühesten sich offenbaren. Ist die Temperaturdifferenz zwischen Körper und Wasser unerheblich, wie wir dies für den Begriff der Lauheit festgestellt haben, so wird die geringe Wärmeabnahme von innen rasch ersetzt, mithin das Gleichgewicht sehr bald hergestellt sein: das Wasser wird bei diesem Wärmegrade seine Wirksamkeit als Flüssigkeit am ungetrübtesten entfalten; es wird, wie der alte Marcard sich ausdrückt, mit einer Art Schmeichel die Haut umspülen, und sanfte Kühlung, so wie, in Folge der etwas verstärkten innern Wärmeerzeugung, eben so sanfte Belebung die erheblichste Wirkung sein. — Einfluss der lauen Bäder.

Sinkt die Temperatur des Wassers noch tiefer, bis zum Kühlen und Kalten, so wird die Wärmeentziehung des Körpers viel rascher vor sich gehen, rascher, als durch verstärkte Wärmeerzeugung von innen Wärme zugeführt werden kann; diese Wärmeabnahme wird sich zunächst an der äusseren Hautfläche bemerkbar machen; das Blut wird aus ihr zurückweichen und in den innern Organen sich anhäufen; in diesen entsteht Blutstauung und Functionshemmung. In diesem Zustande vermag der Organismus, ohne Gefährdung seiner Existenz, nicht lange zu verharren; die Centraltheile, den von den sensibeln Hautnerven empfangenen Reiz auf die motorischen Nerven reflectirend, regen diese zu verstärkter Thätigkeit an; das Blut kehrt in rascherem Strome nach den äussern Parthieen zurück; vermehrte Wärmeproduction mit beschleunigtem Stoffumsatz ist die natürliche Folge. — **Einfluss kühler und kalter Bäder.**

Ein kurzer Rückblick auf das eben Dargestellte überzeugt uns zur Genüge, dass wir in der methodischen und rationellen Anwendung verschiedener Temperaturen ein Mittel besitzen, das, wie kaum ein anderes, in die gesammte thierische Oekonomie einzugreifen, und in derselben Veränderungen zu effectuiren vermag, die sich ebensowohl zu ihrem Heile, wie zu ihrem Verderben, lenken lassen.

III. Die chemische Constitution des Wassers.

In der chemischen Zusammensetzung liegt das Specifische, das Individuelle einer jeden Mineralquelle, woraus wir zunächst die Anzeigen für ihren speziellen Gebrauch schöpfen. Kann uns der chemische Bestand einer Mineralquelle, ohne den Prüfstein der Erfahrung, auch nimmermehr als alleinige Basis ihrer Anwendung dienen, so entnehmen wir demselben doch das nächste Motiv zu ihrer praktischen Benutzung, so dass, wenn wir in irgend einem Mineralwasser einen überwiegenden Gehalt an Kochsalz finden, wir mit aller nur möglichen Wahrscheinlichkeit uns den Schluss erlauben dürfen, dasselbe werde sich in seinen Wirkungen den Kochsalzwassern anschliessen u. s. w. Wäre es doch auch eine eigene Caprice der Natur, einer Kochsalzquelle die Wirkungen einer Schwefelquelle unterzuschieben!

Wo eine Soolquelle existirt, wird sie gewiss mehr oder weniger an der Wirkung unserer Quelle participiren; nur ihr abweichendes Verhalten in der Menge des Kochsalzes, ihre chemische Verschiedenheit in den anderweitigen Quellbestandtheilen, manch äussere Verhältnisse, werden in ihrer speciellen Wirkungssphäre gewisse Nüancen erzeugen, die wir an der Hand der Erfahrung nach und nach kennen lernen werden.

Betrachten wir die einzelnen Bestandtheile unserer Quelle nach ihrem pharmakodynamischen Werthe, so tritt uns vor Allem das Kochsalz entgegen, dem in zweiter Reihe das Chlorcalcium sich anschliesst. Ich habe schon in einer frühern Abhandlung auf Grund der Phoebus'schen Aequivalente*) den Werth jedes einzelnen in unserm Mineralwasser enthaltenen Bestandtheils zu beziffern, und daraus eine Grundlage für dessen pharmakodynamische Stellung zu gewinnen versucht. Darnach wären in unserm Elisabethbrunnen das Chlornatrium und Chlorcalcium in ihrer dreifachen Aequivalentgrösse, alle übrigen Bestandtheile weit unter ihrem Normaläquivalent vertreten: das Eisen zu $^1/_3$, das Brom, selbst nach der günstigsten Berechnung

---

*) Unter „pharmakodynamischem Aequivalent" versteht Phoebus die mittlere Normaldosis eines jeden in einem Mineralwasser vorkommenden Bestandtheils *pro die*, oder mit andern Worten „die Dosis, in welcher angewandt er am vortheilhaftesten auf einen Menschen von mittlerer Empfänglichkeit wirkt. Da nun Phoebus als Mittel für den täglichen Wassergenuss 2 Civilpfund = 32 Unzen annimmt, so würden für 16 Unzen — die gewöhnliche Einheit für Mineralwasseranalysen — „die Hälften der Normaldosen pro die, in Granen ausgedrückt, die passendsten Aequivalente der Mineralwasserhauptbestandtheile bilden." Darnach bestimmt Phoebus, auf Grund der Erfahrung und unzähliger Berechnungen, als Aequivalent in 16 Unzen:

für Chlornatrium . . . . 24 Gran.
„ Chlorcalcium . . . . 5 „
„ Jod in allen Verbindungen 3 „
„ Kohlens. Eisenoxydul . 1 „

zu $^1/_9$, das Jod in verschwindender Grösse. Die Gesammtwirkung unsers Mineralwassers wird sich demnach als aus den Wirkungsgrössen seiner einzelnen Bestandtheile, je nach ihrem Aequivalentwerthe, zusammengesetzt auffassen lassen; da aber das Clornatrium und Chlorcalcium in demselben einen dreifachen Aequivalentwerth repräsentiren, so werden die übrigen Bestandtheile relativ noch tiefer herabsinken, arithmetisch zu $^1/_6$ der obigen Zahlen, d. h. ihre Betheiligung an der Gesammtwirkung wird sich in den entsprechenden Zahlenverhältnissen ausdrücken.

Sind zwar die letzten Veränderungen, die das Kochsalz und Chlorcalcium im Stoffwechsel begründen, zur Zeit noch nicht völlig ermittelt, so scheint doch nach den bisherigen Erfahrungen und Versuchen so viel festzustehen, dass ersteres, ins Blut aufgenommen, dazu diene, das reine Albumin und die Albuminate in Lösung, und auf diese Weise die Stoffmetamorphose in normalem Fluss zu erhalten; ausserdem scheinen beide bei der Zellenbildung, der Kalk namentlich bei der Knochenbildung betheiligt. Oertlich übt das Chlornatrium einen Reiz auf die Schleimhaut des Magens, und erhöht dessen peristaltische Bewegung; doch erstreckt sich derselbe bei der Normaldosis des Kochsalzes nicht bis zu einer Reizung des Darmkanals, die Dirrahoe zur Folge hätte; noch weniger thun dies die Kalksalze, die eher das Gegentheil bewirken. Die übrigen Chlorverbindungen unsers Mineralwassers, Chlorkalium und Chlormagnium, lassen sich nach Phoebus füglich als Ergänzung den beiden erstgenannten anreihen, mit denen sie chemisch wie pharmakodynamisch eine gemeinschaftliche Gruppe bilden. Das Eisen wird die ihm in allen Mineralwassern zukommende Eigenschaft des Tonisirens, wenn auch nicht in vorwaltender Weise, doch der rein auflösenden Wirkung des Chlornatrium und Chlorcalcium gegenüber, zur Entwickelung bringen; das Jod, als Jodnatrium zu 0,0004 Gran in 16 Unzen, fällt nach Phoebus schon aus dem Grunde ganz ausser Rechnung, weil nach §. 10, 2 „diejenigen Bestandtheile, welche in der vorliegenden Analyse in weniger als 0,01 Gran auftreten, vollständig zu ignoriren sind". und zudem nach §. 10, 3 "Bestandtheile, die nicht wenigstens mit $1/_6$ Aequivalent vertreten sind, als unerheblich zu betrachten sind"; letzteres gilt auch vom Brom, das, selbst unter der günstigsten Voraussetzung, in unserer Elisabethquelle mit $1/_9$ Aequivalent auftritt, was aber bei der dreifachen Aequivalentgrösse des Chlornatrium und Chlorcalcium sich auf $1/_{54}$ reducirt; kohlensaurer Kalk 0,98. Kieselerde 0,006 können für unsern Zweck füglich ausser Betracht bleiben. Neuerer Zeit hat noch das Lithion die Aufmerksamkeit der Aerzte auf sich gelenkt, seitdem Dr. Garrod in London dasselbe zur Auflösung harnsaurer Concremente bei Gicht und Steinkrankheit angewandt und empfohlen hat. So wurde Lithion auch im hiesigen Mineralwasser in das Bereich der medizinischen Betrachtung gezogen, nachdem Polstorf und neuerlich Bunsen nicht unbedeutende Mengen dieses Salzes in der Mutterlauge aufgefunden, und bereits früher Osann, Löwig und Bauer dasselbe in dem Karlshaller und Elisabethbrunnen nachgewiesen hatten. Abgesehen von der bedeutenden Differenz in der Werthangabe dieses Körpers zwischen Polstorf und Bunsen, würde meiner Meinung nach selbst die hohe Ziffer Bunsen's von 111 Gran Chlorlithium neben 3000 Gran anderweitiger Bestandtheile in der Mutterlauge bei der äusserlichen Anwendung nicht viel verschlagen; ob aber bei der innerlichen Darreichung des Wassers selbst die höchste Werthangabe Löwig's zu beiläufig $1/_2$ Gran in 16 Unzen — nach Osann und Bauer nur $1/_{20}$ Gran — neben 94 Gran sonstiger Bestandtheile stark in's Gewicht falle, lasse ich dahingestellt, und kann nur eine vorurtheilsfreie Erfahrung darüber entscheiden.

Auf Grund obiger Auseinandersetzung müssen wir dem Kochsalz und Chlorcalcium weitaus die erste Stelle in der Gesammtwirkung unsers Mineralwassers einräumen; sämmtliche übrige Bestandtheile treten zu den genannten in so untergeordnete Verhältnisse, dass sie nur die Rolle der Adjuvantia und Corrigentia übernehmen, die zwar die Hauptwirkung unterstützen und reguliren, jedoch die combinirte Wirkung der beiden Hauptbestandtheile auf's unzweideutigste vorleuchten lassen. Die Bezeichnung als „chlorcalciumhaltiges Kochsalzwasser" scheint demnach gerechtfertigt — a potiori fit denominatio. —

Verschiedene Formanwendung der Kreuznacher Mineralquellen.

I. Die innere Anwendung als Getränk.

Die Schleimhaut des Magens bildet hier die nächste Berührungsfläche mit dem Mineralwasser: natürlich, dass auch die ersten Erscheinungen sich hier offenbaren; die Secundärwirkungen hängen von dessen Aufnahme in's Blut und der Reflexthätigkeit des Magens auf die übrigen organischen Systeme ab. — Die nächste Einwirkung unsers Mineralwassers beschränkt sich somit lediglich auf die Digestion. In zweckentsprechender Gabe genommen, äussert dasselbe seinen wohlthätigen Einfluss zuerst durch gelinde Anregung des Appetits und geregeltere Verdauung. Von salzig-bitterlichem Geschmack ist es zwar verwöhnten Gaumen in den ersten Tagen manchmal zuwider, doch verliert sich dieser Widerwille bald; selbst Kinder verschmähen es öfter aus Eigensinn, denn aus wahrer Abneigung, und machen einen Zusatz von Milch als Geschmacksverbesserung nur selten erforderlich. Wird mit der passenden Menge angefangen, so wird weder Druck noch Aufstossen den Magen belästigen; nur Ueberschreitung des vorgeschriebenen Masses, zu schnelles Trinken, Diätfehler rufen derartige Beschwerden hervor. In dieser Weise gereicht wirkt das Wasser als gelindes Digestivum; die Absonderung des Magenschleims wird gefördert, womit reichlichere Secretion der Respirationsschleimhaut, durch vermehrtes Räuspern sich kundgebend, in consensueller Verbindung steht. Die Einwirkung auf die Darmentleerung ist in den ersten Tagen sehr wechselnd; nicht daran Gewöhnten verursachen oft 1—2 Gläser häufige, flüssige Stuhlgänge, während die Meisten davon Verstopfung erleiden; es können daher selten die ersten Tage als Massstab für den individuellen Wirkungseffect dienen, und man thut im Allgemeinen wohl, mit kleinen Portionen zu beginnen. In dieser Sphäre wird gar häufig gesündigt, indem der Laie, nach der Zahl der Stuhlgänge die grössere oder geringere Wahrscheinlichkeit eines günstigen Erfolgs bemessend, in diesen handgreiflichen Belegen das wahre *Corpus delicti* seiner leiblichen Sünden zu erfassen wähnt. Allein unser Mineralwasser ist nimmermehr Abführmittel im gewöhnlichen Sinne des Worts; seine chemische Natur — Chlorverbindungen mit Erden und Eisen, bei gänzlichem Mangel aller schwefelsauren, der gewöhnlichen Abführsalze — protestirt dagegen augenfällig! Würgt jemand eine Reihe Gläser ohne Mass hinunter, so wird Druck, Aufgetriebenheit des Magens die nächste Folge sein, und wenn nicht durch Erbrechen, wird der Intastinaltractus durch forcirte Stuhlentleerung sich dieser Wassermassen zu entledigen suchen. Etwas anderes ist es aber, wenn der Darmkanal, durch gelinde Bethätigung seiner Secretionen zu normaler Stuhlentlehrung angeregt wird: etwas anderes, wenn derselbe die tagtäglich in ihn gepumpte Wassermasse auf dem kürzesten Wege von sich giebt! — Ich sage der ganze chemische Charakter unsers Mineralwassers weist auf einen bescheidenen Gebrauch hin. Immerhin ist dasselbe, bei dem gänzlichen Mangel an freier Kohlensäure, für manche, namentlich sensible Naturen, schwer verdaulich, und daher die Methode der künstlichen Mineralwasseranstalten, dem Kreuznacher Wasser eine entsprechende Menge freier Kohlensäure zuzusetzen, wohl begründet. Aber auch von anderer Seite mahnt seine chemische Composition zur Innehaltung bestimmter Grenzen. Nach der Aequivalentgrösse des Chlornatrium $= 24$ Gran und des Chlorcalcium = 5 Gran in 16 Unzen, wäre — bei dem Durchschnittsgenuss von 32 Unzen pro die — die tägliche Normaldosis für ersteres zu 48 Gran, für letzteres zu 10 Gran zu veranschlagen, während unter derselben Voraussetzung durch unser Minenalwasser 146 Gran Chlornatrium und 27 Gran Chlorcalcium dem Körper täglich einverleibt würden. Ueberreizung der Magendarmschleimhaut, gestörte Verdauung, Magendarmcatarrh unter der Form des s. g. Brunnenfiebers würden die unausbleiblichen Folgen sein. Es muss daher in der weitaus grössern Zahl der Fälle das Mass des täglichen Wassergenusses unter obiges Maximum herabgesetzt werden, wollen wir dessen physiologische Wirkung zur naturgemässen Entfaltung bringen: und zwar, mit Rücksicht auf obige Dosenbestimmung, auf durchschnittlich 12—16 Unzen Elisabethquelle für den Tag. Ist es unsere Absicht intercurrent auf vermehrte Stühle zu wirken, dann bedienen wir uns in der Regel weit zweckmässiger der mehr direct den Stuhl bethätigenden Bitterwasser in ihrer vielfältigen Combination und Abstufung.

Wird durch directe Einwirkung auf den Magen dessen Secretion vermehrt, seine peristaltische Bewegung angeregt, mit Einem Wort, seine Thätigkeit gesteigert: so wird bei passender Zufuhr von Nahrungsstoffen das Anbildungsmaterial vergrössert, der organische Anbildungsprocess selbst erhöht werden. Mässige Bewegung beim Brunnentrinken, Aufenthalt im Freien, unterstützen diese Intention. Andererseits wird das getrunkene Wasser bald in die Blutmasse übergeführt, und es treten dort seine Bestandtheile in diejenige physiologische Action, die, wenn auch nicht direct nachgewiesen, doch in ihren Endresultaten auf die verschiedenen Secretionen indirect erschlossen werden kann. — Die nächste Einwirkung trifft die Nierensecretion, die nicht bloss quantitativ gesteigert, sondern auch qualitativ verändert wird. Wie wir erfahren haben, ist es insbesondere der Harnstoff, dessen Absonderungsgrösse vermehrt wird, mehr als nach dem Genuss gewöhnlichen Wassers; wir schliessen daraus auf eine erhöhte Umsetzung stickstoffhaltiger Gebilde, auf eine gesteigerte regressive Metamorphose. Diese, in Verbindung mit dem vom Magen aus eingeleiteten erhöhten Anbildungsprocess, bedingt einen raschern Wechsel der organischen Materie, und damit raschere Rückbildung krankhafter Producte, mit regerem Ansatz normaler organischer Substanz. Die s. g. „auflösende" Eigenschaft unsers Mineralwassers findet hierin ihre physiologische Begründung; neben dem Wasser als solchem ist es namentlich das Kochsalz, das diesen Schmelzungsprocess vermittelt, indem es die im Blute kreissenden Albuminate in Lösung erhält, und so deren abnorme Productbildungen hemmt. Ausser den Nieren werden auch die übrigen Absonderungsorgane, Haut, Schleimhäute, von unserm Mineralwasser in Anspruch genommen, und so der Körper von einer Menge verbrauchter Auswurfsstoffe befreit, die grösstentheils auf Rechnung stickstofffreier Umsatzproducte fallen.

Wir können somit im Allgemeinen unser Wasser als ein resolvirendes, secretionsbeförderndes, krankhaften Productbildungen entgegenwirkendes bezeichnen.

II. Aeussere Anwendung als Bad.

Wie bei der innern Anwendung die Schleimhaut des Magens, so ist es hier die äussere Haut, die, mit dem Wasser zunächst in Berührung, dessen Wirkungsaction über den Organismus fortpflanzt. Den Fortpflanzungsmodus selbst anlangend, so liegt derselbe bei der innerlichen Einverleibung klar zu Tage: der örtliche Eingriff mit den aus der Aufnahme in die Säftemasse resultirenden Erscheinungen. Welcher Art aber ist der Wirkungsmodus eines Bades? Die Haut in ihrer weiten Ausbreitung bildet bekanntlich das grosse Ausscheidungsorgan für die verbrauchten Kohlenstoffverbindungen des Körpers, und steht durch ihren Nervenreichthum in der vielseitigsten organischen Verkettung; auch galt sie früher allgemein als Aufnahmeorgan für gasförmige und flüssige Substanzen. Ihr Absorptionsvermögen für Gase wird auch heute noch nicht beanstandet; dagegen weist die neuere Physiologie, auf exacte Versuche gestützt, jegliche Resorption von Wasser und den darin gelösten Salzen auf das Bestimmteste zurück. Damit ist aber der ganzen bisherigen Anschauungsweise über die Wirkungsqualität der Bäder der Boden entzogen. Kommt das Blut mit den durch die aufgenommenen Badebestandtheile effectuirten Stoffumsetzungen in Wegfall: was bleibt uns zur Erklärung der allgemeinen Badewirkung übrig? „Der Reiz auf das peripherische Hautnervensystem mit den daraus hervorgehenden Reflexerscheinungen, die s. g. Contactwirkung." Ist aber die Gesammtwirkung eines Bades lediglich in dem peripherischen Hautreize durch die Badeflüssigkeit begründet, so wäre doch zunächst der Begriff „Reiz" derart zu präcisiren, dass ihm ein bestimmter Inhalt etspräche, damit nicht „gerade wo Begriffe fehlen, ein Wort zur rechten Zeit sich einstelle." Die Electrizität wirkt als bestimmter Reiz auf sensible und motorische Nerven; hohe Hitzegrade reizen die Hautnerven u. dgl.; welcher Art aber ist der Reiz, den eine laue Flüssigkeit von 26—27° R. auf die Hautbedeckung ausübt, um daraus die tiefgreifenden Veränderungen einer Reihe organischer Processe herzuleiten? Marcard nennt in significanter Weise diesen Reiz einen „Schmeichel", also das Gegentheil von Reiz; es müsste sonach der Begriff „Reiz" auch sein Gegentheil in sich schliessen. An derselben Unbestimmtheit leidet der Ausdruck „Contactwirkung"; es wird damit der physiologischen Badewirkung eine hypothetische Grundursache untergeschoben, von der wir nichts wissen, um sie mit einem imponirenden Namen zu decken. Bringen wir eine Zink- und Kupferplatte zusammen, so wird dadurch eine bestimmte Art von Electrizität erzeugt, die wir Contactelectrizität nennen; der Contact, d. h. die Berührung zweier heterogener Metalle, wird hier zum Mittel einer bestimmten Electrizitätsäusserung; die Berührung erzeugt hier einen bestimmten Effect, Electrizität, erklärt jedoch für sich selbst nichts. Wenn aber eine laue Flüssigkeit die Haut umspült, welcher Art von Effect begegnen wir, um daraus die allgemeinen Badewirkungen herzuleiten? „Diese selbst bilden den Effect." Das soll ja aber gerade bewiesen werden; wir drehen uns hier einfach im Kreise. Vielleicht werden im Bade neben dem Nervencontact noch andere Wirkungsbedingungen gesetzt; vielleicht ist es die veränderte Hautdiffusion, oder sonst etwas, was die Badewirkung erzeugt? Kurz, so lange wir den Begriff der Contactwirkung nicht näher formuliren können, heisst Contactwirkung nicht sanderes, als dass eben ein Bad nicht *in distans* wirkt, sondern nur dadurch, dass es mit dem Körper in leibhaftige Berührung tritt.

Aber zugegeben, der Ausdruck „Contactwirkung" umfasse einen bestimmten logischen Begriff, der die physiologische Badewirkung in sich schlösse: wie lassen sich hieraus die verschiedenartigen Wirkungen verschiedenartiger Bäder erklären? Das Wasser ist allen gemeinschaftlich; die Temperatur können wir bei allen beliebig reguliren — wir müssten denn auf die alten abgethanen Unterschiede tellurischer und künstlicher Wärme zurückkommen —; desgleichen könnten wir den Dichtigkeitsgrad des Badewassers nach Gutdünken herstellen: damit allein ist also die Verschiedenartigkeit, die Specificität der einzelnen Mineralbäder, nicht erklärt. Und doch besteht diese, wollen wir nicht alle unsere bisherigen balneologischen Erfahrungen über Bord werfen. Diese Specificität kann somit nur in der specifischen Zusammensetzung einer jeden Quelle ihren Grund haben, da allen gemeinschaftliche Attribute keine Unterschiede bedingen können. Bliebe folgerichtig nur der verschiedene Reiz der einzelnen Mineralwasserbestandtheile auf die Haut mit den daran sich knüpfenden Reflexerscheinungen übrig, wollen wir den festen Bestandtheilen irgend einen Wirkungscoëfficienten bei der Gesammtwirkung der Bäder zuerkennen. Ist aber beim Mangel jeglicher Resorption irgend welche organische Wechselwirkung mit den flüssigen und festen Gewebselementen ausgeschlossen: so kann jener Reiz kein qualitativer sein, sondern nach Plus oder Minus nur ein gradueller auf die Nervenausbreitungen der Haut. Dies begründet also wiederum keine Specificität der Wirkung, sondern hinge von der Concentration des Badewassers ab:

höchstens könnte es für die verschiedenen Stoffe eine verschiedene Reizungsscala geben, die der Versuch festzustellen hätte, und es liesse sich dann unbeschadet der Wirkung des Bades der eine Stoff durch den andern substituiren, der Art, dass möglicherweise ein Pfund Kochsalz anderthalb Pfund Glaubersalz entspräche u. s. f.

Wir haben also hier meines Bedünkens ein Feld voller Widersprüche und kaum zu lösender Schwierigkeiten. Zwar haben neuere Forscher mit lobenswerthem Fleisse an der Hand vergleichender Versuche praktische Gesichtspunkte über die Wirkungsdifferezen verschiedenartiger Bäder aufzustellen sich bemüht: doch verbreiten auch diese kein Licht über die Bedingungen der Wirkung, so wie die Resultate selbst, wie bereits früher dargethan, nur mit grosser Vorsicht aufzunehmen sind.

Sollten demnach fortgesetzte Versuche und Erfahrungen die Nichtresorption der im Badewasser gelösten festen Bestandtheile erhärten, und neben jenen physikalischen Agentien nicht neue Quellen zur Aufhellung der Wirkungsdifferenzen verschiedenartiger Bäder zu Tage fördern: so sind wir folgerichtig zu der Annahme gezwungen, dass es auf den chemischen Gehalt der Bäder entweder gar nicht ankommt, oder wenn doch, dass uns nach dem jetzigen Stande unseres Wissens jedweder Aufschluss über die Art und Weise, wie durch die chemische Differenz der Bäder Differenzen in der Wirkung begründet werden, fehlt.

Kehren wir nach diesen allgemeinen Andeutungen zu Kreuznach zurück, so wären zunächst die Wirkungen der einfachen, dann der durch Zusätze verstärkten Bäder, naher zu beleuchten.

A. Einfache Mineralwasserbäder.

Sehen wir von den Extremen der Temperaturgrenzen, als eigenen Wirkungsmomenten, ab, und nehmen ein Bad von der Temperatur zur Grundlage, die wir im Allgemeinen als lau bezeichneten — 24-27° R —: so lassen sich hauptsächlich folgende Wirkungsäusserungen wahrnehmen.

Gleich beim Einsteigen in das Bad empfindet zwar der Körper gelinden Schauer, durch die unter seiner eigenen liegende Temperatur des umgebenden Medium's bedingt; doch weicht derselbe bald dem eigenthümlich wohlthuenden Gefühle der ihn von allen Seiten umspülenden laulichen Flüssigkeit. Es hängt dasselbe offenbar von der steten schlüpfrigen Berührung der Hautnerven ab, und entspricht dem Froste im kalten, dem Hitzegefühl im heissen Bade, beides Erscheinungen, vom Hautnervensystem ausgehend. Von einer irgendwie reizenden Einwirkung der Badebestandtheile keine Spur; im Gegentheil ein Gefühl von Geschmeidigkeit, das selbst bei schwachen Mutterlaugenzusätzen noch zunimmt. Dass Unreinigkeiten der Haut mechanisch losgespült, die obere Epidermisschichte aufgeweicht und die verbrauchten Epidermiszellen lebhafter abgestossen werden, bedarf nur insofern der Erwähnung, als hierdurch die Einwirkung des Bades auf die tiefere Hautlage erleichtert, und eine stärkere Imbibition dieser Theile eingeleitet wird. Die absondernde Thätigkeit der Haut, insbesondere die insensible Hautperspiration, soll durch ein Soolbad gesteigert werden, während die diaphoretische Wirkung im umgekehrten Verhältnisse zur diuretischen steht. Der Puls erfährt im einfachen lauen Soolbade eine Verlangsamung, desgleichen die Respirationsfrequenz, beides wahrscheinlich eine Folge der schwachen Abkühlung des Körpers und der beruhigenden Einwirkung auf die Hautnerven. Andere schreiben diese Verlangsamung gerade dem Reize auf die Hautnerven und dessen Uebertragung auf den Vagus zu, insofern Reizungen dieses letzteren bekanntlich die Herzthätigkeit herabsetzen. Doch haben heisse, die Hautnerven wirklich reizende Bäder erfahrungsgemäss nicht Verlangsamung, im Gegentheil Pulsbeschleunigung zur Folge; es liesse sich daher mit demselben Rechte gesteigerte Hautreizung als antagonistisches Moment für das Vagusgebiet betrachten, derart, dass vermehrte Hautreizung verminderte Reizung des Vagus mit Pulsbeschleunigung, und umgekehrt, bedingte; diese Erklärung steht wenigstens in besserem Einklange mit den physiologischen Thatsachen. — Eine weitere constante Erscheinung ist der im Bade sich bald einstellende Drang zum Harnen, mit der Entleerung eines gesättigten, dunkeln Urins. Derselbe soll, wie im gewöhnlichen Wasserbade, reicher an festen Bestandtheilen sein, während im Gegensatze zu jenem die Ausscheidung der Erdphosphate im Soolbade sich minderte. Man hat daraus auf einen im Vergleich zu Süsswasserbädern erhöhten Anbildungprocess geschlossen, da in der Zurückhaltung der Phosphate ein die Zellenbildung begünstigendes Moment begründet sein soll. Selbst die Ausscheidung des Harnstoffs soll hinter der im gewöhnlichen Wasserbade ausgeschiedenen Menge zurückstehen, so dass auch von dieser Seite ein Ausfall in der rückbildenden zu Gunsten der anbildenden Thätigkeit hinzutreten würde. Mit dem Gefühle von Erfrischung und Wohlbehagen, wenn anders rücksichtlich der Temperatur, der Dauer u. s. w. die richtigen Grenzen eingehalten worden, wird das Bad verlassen, und der Complex der Erscheinungen ist momentan hiermit geschlossen. — Wird mit den Bädern in derselben Weise fortgefahren, so wird die Reihe der genannten Erscheinungen in gleichem Masse sich wiederholen; doch tritt ihre wohlthätige Wirkung auf die Haut sehr bald auf das Entschiedenste hervor. Weit entfernt, gleich lauen Süsswasserbädern, eine erhöhte Empfindlichkeit für äussere Temperatureinflüsse zurückzulassen, stumpfen sie diese vielmehr ab; ziehende Schmerzen, die vielleicht in den ersten Bädern verstärkt auftraten, verlieren sich; frühere Neigung zu passivem Schwitzen macht einer geregelten Hautausdünstung Platz; veraltete Narben und Geschwüre, trotz anfänglicher Verschlimmerung, reinigen und schliessen sich dauerhaft; mit Einem Worte: im ganzen Hautorgan macht sich neben einem regern Stoffwechsel eine erhöhte Lebensenergie bemerkbar.

Eine nicht seltene Erscheinung sind die nach einer Reihe von Bädern auftretenden Hauteruptionen von bald papulöser, bald vesiculöser oder pustulöser, bald furunculöser Form. Man hat die Bedeutung dieser fast in allen Bädern vorkommenden Ausschlagsformen von einer Seite eben so sehr überschätzt, wie von der andern perhorrescirt.

Zunächst ist zu constatiren, dass dieselben ebensowohl nach einfachen, wie nach mit Mutterlauge verstärkten Bädern, sich einstellen, an eine bestimmte Zeit sich nicht binden, ja in der grössern Zahl der Fälle ganz fehlen. Allerdings sind sie oft das Resultat zu weit getriebener Hautreizungen durch allzulange fortgesetzte oder zu starke Bäder, und stehen hier auf gleicher Linie mit den forcirten Stuhlgängen bei dem innerlichen Gebrauch; die Allgemeinwirkung wird beeinträchtigt zu Gunsten einer örtlichen Ueberreizung. Doch denselben unter allen Verhältnissen diesen Charakter zuzusprechen, scheint mir schon aus dem Grunde ungerechtfertigt, weil starke Hautreizungen bei einzelnen Krankheitszuständen in unserm Kurplane liegen, in andern eine sichtbare Besserung mit ihrem Auftreten, namentlich der furunculösen Formen, nicht gar selten Hand in Hand geht. Man wird daher ihre Bedeutung in jedem einzelnen Falle individuell zu beurtheilen, und das Mass der Hautreizung darnach zu effectuiren haben.

B. Durch Zusätze verstärkte Bäder.

Neben den einfachen Soolbädern stehen uns hier bekanntlich noch verstärkende Zusätze zu Gebote: Die Mutterlauge und die gradirte Soole. Wie in letzterer das Chlornatrium, so ist in jener das Chlorcalcium der weitaus überwiegende Bestandtheil, und chemisch sowohl wie physiologisch massgebend. Dass man früher den Bromgehalt der Mutterlauge in den Vordergrund stellte, konnte höchstens in der ersten Osann'schen Analyse seine Rechtfertigung finden, in der die Chlor- und Bromverbindungen gerade umgetauscht waren; nun aber, wo das Verhältniss der Brom- zu den Chlorverbindungen wie 1 : 42 sich gestaltet, immer noch das unschuldige Bromnatrium für die Wirkungen der Mutterlauge verantwortlich zu machen, ist mehr traditionell, wie in Wahrheit begründet; gar aber noch das Jod mit heranzuziehen, das in der Mutterlaugenanalyse nur als Schemen umgeht, hat kein Analogon in der Wissenschaft.

Ob der Zusatz des einen oder andern dieser beiden Körper eine

Differenz in der Wirkung, und welche, bedinge, ist erfahrungsgemäss noch nicht sicher festgestellt. Sollte wirklich, was nach der s. g. Contacttheorie als logische Consequenz sich ergeben würde, der chemische Gehalt des Badewassers gleichgültig sein: nun, so hätten wir nur durch den einen oder andern dieser Zusätze, gleichviel welchen, dem Wasser den nöthigen Dichtigkeitsgrad zu geben, um den jedem individuellen Falle entsprechenden Hautreiz zu effectuiren; die Temperatur gehörig zu regeln: und die Wirkung jedes Bades liesse sich, wenn erst für jene Faktoren das richtige Mass gefunden, so ziemlich nach einer mathematischen Formel construiren. Ist aber, wie doch allen Ernstes anzunehmen, die chemische Qualität des Bades neben jenen physikalischen Agentien mit in Anschlag zu bringen, dann wird es auch nicht gleichgültig sein, welchen der beiden Substanzen wir als Zusatz benutzen, da sie zwei chemisch verschiedene Körper darstellen.

Es wäre wünschenswerth, dass uns für die Stärke des Bades ähnliche Anhaltspunkte zu Gebote ständen, wie für die innere Anwendung als Getränk. Hier lässt sich die individuell entsprechende Dosis aus in die Sinne fallenden Functionsveränderungen mit einem gewissen Grade von Sicherheit ermessen, so dass Phoebus jene oben angegebene Aequivalentenscala entwerfen konnte, die, wenn auch vielleicht correctionsfähig, doch immerhin die Durchschnittsgaben für den täglichen Gebrauch repräsentirt. Welchen Massstab aber haben wir für die Stärke der Bäder an mineralischem Gehalt? Den einen Faktor, die Temperatur, bestimmen wir mit ängstlicher Gewissenhaftigkeit bis auf einen Grad; natürlich, es dient hierfür als Ausgangspunkt die Eigenwärme des Körpers, und jenachdem wir demselben Wärme entziehen oder mittheilen wollen, regeln wir die Temperatur des ihn umgebenden Medium's nach einfach physikalischen Gesetzen. Welches Gesetz aber leitet uns bei der Bestimmung des mineralischen Gehalts eines Bades? Im Allgemeinen nehmen wir sie so, wie die Natur sie uns bietet, und von den gehaltlosesten indifirenten Thermen bis zu den stoffreichsten Soolen giebt es keine Quelle, die nach der Versicherung ihres Panegyristen nicht gerade die Zusammensetzung darböte, wie sie für den menschlichen Organismus die erspriesslichste ist. Finden sich, wie in Kreuznach, noch stoffreichere Körper — Mutterlauge, gradirte Soole, — so setzen wir diese dem einfachen Badewasser zu, und steigen damit nicht unzen- sondern quartweise bis zu 10, 20, 30 und mehr Quart*). Welche therapeutische Rücksichten sind hierbei leitend für uns? Ein **fühlbarer** Reiz auf das Hautorgan, durch Jucken, Brennen etc. sich kund gebend, ist, wie allerwärts zu lesen, nicht massgebend: den Einen juckt's schon im einfachen Bade, den Andern nicht bei Zusatz von 100 Quart; eben so wenig ist die Zartheit oder Derbheit des Hautorgans von sichtbarem Einflusse, denn die zarteste Haut des sensibelsten Frauenzimmers verträgt oft ohne Jucken Zusätze, die die derbe Haut eines Hufschmieds krebsroth beizen würde. Der **imaginäre** Reiz auf die peripherischen Hautnerven? Da dieser jedoch weder sub- noch objektiv wahrnehmbar, haben wir auch kein Mass für seine Grenze. Vielleicht die Reaction auf den Puls, auf das Allgemeinbefinden? Mit Nichten! Alles dieses variirt nach bisheran unerforschten Gesetzen. Freilich entfaltet eine Reihe Bäder als solche ihre Wirkung auf die einzelnen Organe und Systeme des Körpers; und da man in der Regel nach einem gewissen Schema mit den Zusätzen steigt, wird die Einwirkung der Bäder auf das Circulations- und Nervensystem mit einer gewissen Höhe der Zusätze coïncidiren; aber nichts berechtigt uns, dieses zufällige Zusammentreffen gerade auf Rechnung der letztern zu schreiben. Ein Grad Wärme mehr oder weniger reagirt stärker auf Puls, Nervensystem etc., als vielleicht ein Unterschied von 10 Quart Mutterlauge zwischen dem einen und andern Bade. Was also ist's, was uns über das richtige

---

*) Die starken Zusätze — etwa über 10 Quart — sind zwar in neuerer Zeit nicht mehr so im Schwange, wie früher; aber mehr nach einem gewissen stillschweigenden Uebereinkommen, möcht' ich sagen, als nach feststehenden therapeutischen Grundsätzen, und weil der Vorrath an Mutterlauge selbst sein Veto dagegen einlegt.

Mass des Zusatzes in dem einzelnen Falle belehrt? Der Scharfsinn, der Takt des Arztes! Ich weiss nicht, ob ein Scharfsinn, der sich nicht fassen, ein Takt, der sich nicht taxiren lässt, vor der heutigen Generation der Aerzte noch Gnade findet; doch Häuser möchte ich nicht darauf bauen.

Ich sagte oben, es wäre wünschenswerth, für den Mineralgehalt der Bäder eine ähnliche Aequivalentenscala zu besitzen, wie sie Phoebus für den innerlichen Gebrauch der Mineralwässer aufgestellt: es würde dadurch der subjectiven Willkühr einigermassen Schranken gesetzt. Aber eine solche lässt sich meines Erachtens mit einiger Sicherheit nur dann feststellen, wenn wir für die Grundbedingungen des Werthes, den Wirkungsantheil mineralischer Bestandtheile in den Bädern überhaupt, erst festen Boden gewonnen haben. Sind dieselben nur insofern von Bedeutung, als sie die Dichtigkeit des Badewassers bestimmen, nun, so können wir mit Hülfe des Aërometers den jeweiligen Dichtigkeitsgrad normiren, und nachdem wir für die verschiedenen Dichtigkeitsgrade an der Hand des Versuchs das Mass der Einwirkung auf den menschlichen Organismus gefunden, diese dem individuellen Bedürfnisse anpassen. Bedingt die Qualität der Bestandtheile Veränderungen der Einwirkung, dann müssen wir zunächst diese für jeden einzelnen Bestandtheil festzustellen suchen — balneologisches Aequivalent — und können dann mittelst Combination der Wirkungscoëfficienten der einzelnen Factoren die Wirkung des Bades im Ganzen taxiren und an der Hand der Erfahrung praktisch verwerthen. Nur auf diese Weise wird unsere Erfahrung eine bewusste, nach bestimmten Gesetzen normirbare, und nicht eine, jeder Controle sich entziehende, instinctive Eingebung.

Resumiren wir Vorstehendes in Kürze, so lag es mir vor Allem ob, auf die Widersprüche und Lücken aufmerksam zu machen, die jedem Unbefangenen in Betreff der Mineralwasserbäder im Allgemeinen, und Kreuznach's insbesondere, bei näherer Erwägung entgegentreten. Bin ich hierbei mehr negirend zu Werke gegangen, so hat doch eine loyale Kritik, indem sie die Blössen aufzudecken und Unhaltbares umzustossen sucht, meines Erachtens wenigstens den negativen Werth, das Terrain zu ebenen und zu neuer Forschung anzuregen. Neue Forschungen auf diesem Gebiete aber, wenn sie mit reellem Gewinn für die Wissenschaft unternommen werden sollen, eröffnen ein so unabsehbares Feld von Fragen und Untersuchungen, dass es mir vor Allem nothwendig erscheint, zunächst über das Untersuchungsobjekt ganz im Klaren zu sein; sodann an einer nicht zu kleinen Anzahl von Individuen zu gleicher Zeit und unter denselben Verhältnissen die einzelnen Fragen zu studiren, und die so erhaltenen Resultate nach richtiger Methode zu verwerthen, damit, wo schon die Prämissen so vielen Schwankungen unterliegen, wenigstens die Schlüsse den Anforderungen der Logik entsprechen.

Das Untersuchungsobjekt selbst anlangend, scheint es mir vor Allem erforderlich, mit Bädern von möglichst reinem — ja destillirtem — Wasser unter verschiedenen Temperaturen — über, gleich und unter Blut- oder Hautwärme, — innerhalb verschiedener Zeiträume — von 10 Minuten bis 1 Stunde und darüber, — an etwa 10—12 Individuen, von gleicher und verschiedener Constitution, mehrere Wochen hindurch zu opeiren. Hieran schlösse sich — unter ähnlichen Voraussetzungen — eine neue Reihe von Untersuchungen mit Zusatz der häufigsten in den Mineralwässern vorkommenden Bestandtheile, wie Kochsalz, kohlensaures Natron u. dgl., und zwar zunächst je eines Bestandtheils, mit Rücksicht auf den Dichtigkeitsgrad des Wassers — wobei vielleicht die Blutflüssigkeit als Massstab dienen könnte —, woraus sich dann ergeben würde, ob der Dichtigkeitsgrad allein oder auch die Qualität des Zusatzes bei der Wirkung betheiligt sei, und ob vielleicht, wenn letzteres nicht der Fall, der eine Zusatz nach gewissen Aequivalentwerthen den andern substituiren könnte. Folgten dann Combinationen von je zwei, drei etc. dieser Bestandtheile, bis wir zuletzt die zusammengesetzen Mineralwässer selbst in Angriff nähmen.

Dies ist jedoch nur das dürre Skelett der Untersuchungsobjekte; der Combinationen und Variationen ist selbstverständlich Legion. Ich bin desshalb der Meinung, dass solche Untersuchungen mit Aussicht auf Erfolg nur nach einem gemeinschaftlichen Plane geleitet werden könnten; die Leistungen des Einzelnen, so verdienstlich an und für sich selbst, sind zu lückenhaft, und entbehren zu sehr der controlirenden Vergleichsobjekte, als dass die daraus gezogenen Schlüsse nicht trügerisch, ja oft als ganz zufällige erscheinen müssten. Ist aber — was in den Grenzen der Möglichkeit — nach gemeinschaftlichem Plane die Methode der Untersuchung festgestellt; sind die einzelnen Fragen genau ventilirt: dann werden die Einzeluntersuchungen als organische Glieder sich zu einem Ganzen gruppiren, und wir werden endlich auf dem Gebiete der Balneologie einen eben so festen Boden der exacten Forschung gewinnen, wie sich dessen die andern Gebietstheile unserer Wissenschaft zu erfreuen haben.

III. Oertliche Anwendung des Mineralwassers.

Wir rechnen dahin die verschiedenen Applikationsweisen in Form von Waschungen, Umschlägen, Einwickelungen, Einspritzungen, u. dgl. Bei allen diesen Gebrauchsformen behält das Wasser seinen ursprünglichen Wirkungcharakter bei, und dient nur als locales Unterstützungsmittel der allgemeinen Kur. Wir verstärken dasselbe zu diesem Zwecke mit Mutterlauge, graditer Soole, oder mildern seine reizenden Eigenschaften durch Zusätze von süssem Wasser, Milch u. dgl.; wenden es bald warm, bald kalt, bald längere, bald kürzere Zeit an. Die Klystire benutzen wir entweder als bloss topische Mittel auf den Mastdarm, oder um von hier aus auf die benachbarten Organe des Unterleibs zu wirken. — Da bei der Douche der chemische Gehalt des Wassers mehr in den Hintergrund tritt, und nur das mechanische Moment der Erschütterung, die Dicke des Wasserstrahls, dessen Temperatur, die Höhe des Falls etc. in Betracht kommen, so genügt die

Bemerkung, dass für sämmtliche Arten der Douche im Kurhause zweckentsprechende Vorrichtungen bestehen.

IV. Einathmung der Gradirluft und der warmen Sooldämpfe.

Sind zwar die chemischen Eigenschaften der Gradirluft noch nicht ganz aufgeklärt, so lässt sich denselben doch eine bestimmte Einwirkung auf den Organismus nicht absprechen. Der Gesunde athmet in ihr kräftiger auf, mit einem eigenthümlichen Gefühle von Erquickung; schon diese tiefern unwillkührlichen Inspirationen üben einen wohlthätigen Einfluss auf das Lungengewebe und die den Respirationsakt unterstützenden Muskeln. Die Feuchtigkeit derselben wirkt kühlend, beruhigend auf krankhafte Reizzustände, schleimlösend, und die in ihr fein vertheilten Soolbestandtheile mögen durch gelinde Anregung der auskleidenden Mucosa vorhandenen Erschlaffungszuständen entgegenwirken. Daher ihr wohlthätiger Einfluss auf gewisse mit Hustenreiz und abnormer Schleimsecretion einhergehende Affectionen der Athmungsorgane bei einem mittleren Grade der Erregbarkeit.

Die Einathmung warmer Sooldämpfe geschieht theils in den Badekabineten mittelst des auf 48—52° R. erwärmten Badewassers, theils in den in der Nähe der Sudpfannen befindlichen Dunstkammern, theils durch Verdampfen einfacher oder verstärkter Soole über einer Spirituslampe im Hause des Patienten.

Drittes Kapitel.

Von der Anwendung der Kreuznacher Mineralquellen in Krankheiten.

Die Darlegung des specifischen Wirkungscharakters eines Arzneimittels schliesst dessen Anwendung in bestimmten Krankheiten, streng genommen, schon in sich; denn, neben den Versuchen an Gesunden, bildet ja jene Darlegung nur das aus der Anwendung an Kranken geschöpfte Erfahrungsmaterial in seiner physiologischen Begründung. Lassen sich demnach aus der richtig aufgefassten Wirkungsaction die therapeutischen Anzeigen für den Gebrauch eines Mittels von selbst ableiten: so werden wir, falls wir die folgerichtigen Indicationen nur immer scharf im Auge behalten, jene Klippe vermeiden, durch Anhäufung einer Menge zum genannten Mittel nur in indirecter Beziehung stehender Krankheitsnamen, das specifische Verhältniss desselben zu bestimmten Krankheitsformen zu verwischen, und dessen therapeutische Stellung wankend zu machen. Je enger wir den Kreis der Anwendung eines Mittels ziehen; je schärfer wir die Grenze bezeichnen, die es von andern Mitteln abscheidet, und wiederum denselben anreiht: desto wohlthätiger wird es in diesem Kreise wirken, desto bleibender sein Werth sein.

Betrachten wir die Stellung Kreuznach's unter diesem Gesichtspunkte, so lässt sich die Cardinalindication für dessen Gebrauch in folgendem zusammenfassen: überall, wo entweder in Folge chronischer Entzündungszustände, oder anderweitiger allgemeiner oder örtlicher Ernährungsstörungen, flüssige oder plastische Exsudate oder s. g. homologe Gewebsproducte auf die Oberfläche oder in das Parenchym der Organe sich abgelagert haben, findet Kreuznach berechtigte Anwendung, insofern dasselbe theils durch Bethätigung des allgemeinen wie örtlichen Stoffwechsels, theils durch directe Beziehung zu dem die Resorption vermittelnden Lymphdrüsensystem, vielleicht auch durch Lösung geronnener Eiweisskörper im Blute selbst, die Rückbildung und Eliminirung dieser krankhaften Producte fördert, und die Herstellung normaler Ernährungsvorgänge einleitet, soweit das Ernährungsmaterial und die sonstigen hygieinischen Bedingungen diesen Zweck unterstützen.

Folgen die speciellen Krankheitsformen, wie sie die Erfahrung für das Wirkungsgebiet Kreuznach's festgestellt hat:

A. Allgemeine Ernährungsstörungen.

I. Scrofulosis.

Unter den Allgemeinerkrankungen bildete von jeher die Scrofulose das den Soolquellen überhaupt, und Kreuznach insbesondere, zugewiesene Heilobject *par excellence*. Doch was versteht man heutiges Tages unter Scrofeln? Jede Kinderfrau hat sicherlich die Antwort gleich zur Hand; doch dem Arzte droht sich nachgerade die ganze Scrofelpathologie in einen Mythus zu verflüchtigen. Hatte man früher die Quelle des „scrofulösen Giftes" in das Lymphsystem verlegt, und die Scrofelkrankheit als eine specifische Affection dieses Systems erklärt: so war es später das Blut, dem man diese Rolle zutheilte, indem man eine fehlerhafte Mischung desselben, beziehungsweise einen relativ überwiegenden Eiweisgehalt — die s. g. albuminöse Krase —, als Ursache der örtlich auftretenden Ernährungsstörungen anschuldigte. Doch die Erkrankung der Lymphdrüsen ist selbst nur Theilerscheinung der allgemeinen Scrofulose, ja einer der Hauptkenner dieses Zweiges der Pathologie, Lebert, hat in seiner gekrönten Preisschrift über Scrofel- und Tuberkelkrankheiten, wie später in seinem Handbuche der practischen Medizin, die bisheran als Hauptkriterium der scrofulösen Diathese geltenden Drüsenerkrankungen aus dem allgemeinen Bilde der Scrofulose gestrichen, und der äussern Tuberkulose zugetheilt. Ueber die constante Blutmischung in der Scrofulose wissen wir aber eben so wenig, wie bei den andern s. g. Dyskrasieen, und wir schliessen nur aus den örtlich abgelagerten Eiweisproducten auf einen Ueberschuss desselben Stoffs im Blute, als der allgemeinen Ernährungsflüssigkeit. Mag aber das Blut Scrofulöser immerhin reicher an Albumin befunden worden sein: so ist doch die Quelle dieses Plus nicht mit Nothwendigkeit in das Blut selbst zu verlegen; es könnte dasselbe eben so gut primär in den einzelnen Geweben und Organen erzeugt, und erst von hier aus dem Blute zugeführt worden sein. Auf diesem Wege mögen nach Virchow die meisten Dyskrasieen ihre Erklärung finden. Das Blut ist keine in sich abgeschlossene, prädestinirte Flüssigkeit, sondern von dem Zustande der einzelnen Organe und Gewebe eben so abhängig, wie diese *vice versa* von jenem. Natürlich wächst mit der Ausbreitung und Wichtigkeit eines Organs oder organischen Systems auch sein Einfluss auf die thierische Oekonomie; und so greift das Blut oder Nervensystem tiefer und sichtbarer in den allgemeinen Lebensprocess, wie ein Organ untergeordneterer, mehr örtlicher Function, wird aber auch, als mit allen Organen in Zusammenhang, von diesen leichter in Mitleidenschaft gezogen, und schliesslich selbstständig krankhaft afficirt. So werden die meisten nach früherer Anschauung als im Blute oder Nervensystem wurzelnde Allgemeinerkrankungen, mit der bessern Einsicht der Localprocesse, als aus diesen hervorgehend zu betrachten sein, und die Bezeichnung als Allgemeinerkrankung nur noch insofern Berechtigung verdienen, als die allgemein verbreiteten Systeme, Blut und Nerven, hervorstechend dabei betheiligt sind. So wird auch die Scrofulose fernerhin den Allgemeinerkrankungen zugezählt bleiben müssen, da sie eine Reihe über den Organismus verbreiteter Ernährungsstörungen erzeugt, die nach ihrer Entstehungsweise und ihrem ganzen Zusammenhange ein einheitliches Krankheitsbild darstellen, das nur auf eine gemeinschaftliche Ursache zurückgeführt werden kann. Da wir jedoch diese gemeinschaftliche Ursache zur Zeit nicht kennen, so müssen wir uns begnügen, die Scrofulose als eine allgemeime Krankheitsanlage zu bezeichnen, die sich durch eine Reihe an verschiedenen Körperstellen auftretender Ernährungsstörungen characterisirt, die ohne pathologisch-anatomischen Zusammenhang, durch ihr gleichzeitiges oder successives Auftreten und ohne nachweisbare Ursache häufige Wiederkehr, durch ihren schleppenden Gang, durch ihre in hohem Grade ausgesprochene Tendenz zu langwierigen Eiterungs- und Verschwärungsprocessen, von ähnlichen primitiven Ernährungsstörungen dieser Theile sich unterscheiden. Diese Ernährungsanomalieen bestehen theils in entzündlichen Vorgängen theils in zelligen Hyperplasieen; eine der Scrofulose eigenthümliche Gewebsveränderung, oder ein derselben specifisch angehöriges morphologisches Element, existirt nicht; es giebt keinen „Scrofelstoff". Selbst die käsige Metamorphose, ein häufiger Umbildungsprocess entzündlich oder hypertrophisch angeschwellter Lymphdrüsen, ist kein der Scrofulose charakteristisches Attribut, sondern eine auch andere schleichende Entzündungen und Gewebsalterationen begleitende pathologische Umwandlungsform. Man hat dieselbe auch für die Identität von Scrofeln und Tuberkeln geltend gemacht, doch mit Unrecht; dass letztere in der Regel diese käsige Umwandlung eingehen, liegt nicht in dem Wesen der Krankheit, sondern in den örtlichen Bedingungen des Tuberkels, unter welchen auch Eiter und andere morphologische Gebilde diesem Umsetzungsprocesse unterliegen.

Die Scrofulose ist vorzugsweise eine Krankheit des Kindes- und Jugendalters; die Einen empfangen sie als Erbtheil von ihren cachektischen, an Scrofeln, Tuberkeln, Syphilis leidenden Eltern, und bringen die Eindrücke davon entweder gleich mit zur Welt, oder entwickeln sie, sichtbar für jedermann, um die Zeit des ersten Zahnens; Andere, von gesunden Eltern geboren, erwerben sich durch unzweckmässige Pflege von Seiten ihrer Erzieher, durch grobe schwerverdauliche Kost, feuchte Wohnungen, Mangel an Bewegung und frischer Luft, diesen heimtückischen Feind im Laufe mehrerer Jahre — angeborene und erworbene Scrofulose. In vielen Fällen jedoch fehlt jedes greifbare ätiologische Moment, da wir sowohl bei wohlhabenden wie armen Familien, in Berg- wie Thalgegenden, auch unter den entsprechendsten hygieinischen Verhältnissen, scrofulöse Individuen antreffen.

Die scrofulöse Anlage verräth sich schon frühzeitig, bevor die einzelnen Krankheitserscheinungen sich localisiren, durch den Habitus des Patienten, der im Allgemeinen den Charakter der Schwäche, der verminderten Widerstandsfähigkeit, offenbart. Je nachdem sich mit demselben eine bewegliche, reizbare oder im Gegentheil eine träge, apathische Constitution verbindet, hat man von jeher die erethische von der torpiden Scrofelform getrennt. Erblicken wir dort zart organisirte Geschöpfe, mit blassem, um die Wangen feinroth durchschossenen Teint, blondem weichem Haar, schlankem Wuchs, lebhaftem Geistesvermögen: so begegnen wir hier mürrischen, weinerlichen Wesen, mit erdfabler Hautfarbe, dickgeschwollener Oberlippe und Nase, dunkem struppigem Haarwuchs, gedrungenem Körperbau und entsprechender Trägheit der intellectuellen Fähigkeiten. Selbstverständlich ist diese verschiedene Physionomie nicht jedem einzelnen concreten Falle als unverkennbare Marke aufgedrückt, sondern erfährt, wie alle allgemeinen Krankheitsbilder, mannigfache Schattirungen und Uebergänge; doch ist es schon deshalb räthlich, diese einmal beliebte Eintheilung beizubehalten, weil sie für die Therapie wichtige Fingerzeige enthält,

Gegen das zweite Zahnen tritt die Dyskrasie bei dem Einen zurück, bei dem Andern entwickelt sie sich erst in ihren schweren, verderblichen Formen; den kräftigsten Damm setzen ihr die Jahre der Pubertät entgegen; doch auch diesen durchbricht sie manchmal, und in die Periode der Reife sich hinüberziehend, erscheint sie hier entweder unter ihrer ursprünglichen Form wieder, oder birgt sich hinter einer neuen, gefahrdrohenden Maske, der Lungentuberkulose. Oft, nachdem sie während der ganzen Periode der Mannbarkeit, diesem Höhepunkte des Lebens, geschlummert, erwacht sie zur Zeit der Abnahme wieder, und tritt bei Frauen in den s. g. klimakterischen Jahren unter neuen, namentlich in der Geschlechtssphäre sich reflectirenden, Formen auf, während die bei Männern um diese Zeit nicht seltenen Prostataerkrankungen ein Analogon hiervon abgeben möchten.

Dass die Kunst in der Bekämpfung dieses gefährlichen und hartnäckigen Feindes von jeher nicht müssig gewesen, lässt sich erwarten; die ganze Rüstkammer des *Apparatus medicamentosus* wurde nach und nach gegen ihn in Bewegung gesetzt, bis man den Glauben an ein specifisches *Antiscrofulosum* allmählig aufgab, und nur in der totalen Umänderung des fehlerhaften Ernährungsprocesses die Möglichkeit einer Einwirkung auf den scrofulösen Krankheitsverlauf erkannte. Von jeher haben deshalb die physiologischen, d. h. diätetischen Mittel bei der Behandlung der Scrofelkrankheit den ersten Platz behauptet; passendere, dem thierischen Organismus verwandtere Nahrungsmittel, vor allem der Blutverarmung entgegenwirkende Fleischkost, Vertauschung einer dumpfen, feuchten, gegen eine freie, den Strahlen der Sonne zugänglichen Atmosphäre, Uebung der Körperkräfte durch Bewegung, angemessene Gymnastik, waren und bleiben die Hauptmittel, eine von Natur ererbte Scrofelanlage zu bekämpfen, oder einer später sich entwickelnden Disposition Einhalt zu thun. Oft reichen diese physiologischen Mittel hin, die Natur in ihrem heilsamen Ausgleichungsbestreben zu unterstützen; durch die verschiedenen Secretionsorgane entledigt sich der Körper der verbrauchten krankhaften Gewebselemente, und durch zweckmässige Nahrungsmittel das taugliche Anbildungsmaterial erhaltend, gewinnt derselbe allmählig seine normale Organisationsfähigkeit wieder. Wir können diese Ausgleichung und Rückbildung vorzugsweise da in Aussicht nehmen, wo sich der scrofulöse Process noch mehr als allgemein scrofulöse Diathese documentirt; hat aber dieselbe bereits in den einzelnen Körperparthieen ihre Localproducte abgesetzt, so dass hier lymphatische Anschwellungen, dort Schleimflüsse, dort permanente Ausschläge tiefere Organisationsstörungen bekunden: dann stehen uns neben jenen physiologischen noch andere Mittel zu Gebote, die eine wohl begründete Erfahrung, als der scrofulösen Krankheitsanlage direct entgenwirkend, festgestellt hat.

Unter jenen Mitteln haben von altersher die Soolquellen einen hervorragenden Platz behauptet, und namentlich hat Kreuznach seit der ersten Zeit seines Bestehens vor Allen eine solche Superiorität gewonnen, dass sein Name überall genannt wird, wo der Scrofeln Erwähnung geschieht. „Kreuznach wird seinen wohlverdienten Ruf so lange behaupten, als es kranke Drüsen und Lymphgefässe, übermässig absondernde Schleimhäute und eiweissstoffige Afterbildungen geben wird", äussert schon vor 25 Jahren ein erfahrener Brunnenschriftsteller. Doch wozu bedarf es der geschriebenen Zeugnisse, wo tausend Zungen das beredteste Lob verkünden? Mag die Scrofelkrankheit als erethische oder torpide auftreten; mögen Geschwüre, Ausschläge, Drüsen- oder Knochenkrankheiten ihre localen Begleiter, mag ihre Anlage ererbt, oder später acquirirt sein: Kreuznach wird bei zweckmässiger Leitung seine wohlthätige Wirkung kaum je versagen. Ich sage, bei zweckmässiger Leitung; denn je nach der individuellen Constitution, der Verschiedenheit der einzelnen Scrofelformen, der Periode ihrer Entwickelung u. s. w., muss auch der Heilapparat Kreuznach's verschiedene Formen annehmen: in dieser dem concreten Falle anzupassenden Technik liegt der Schlüssel für dessen ausgebreiteten Wirkungskreis, die Aufgabe einer gedeihlichen Behandlung.

Die erethische Form erheischt im Allgemeinen grössere Vorsicht sowohl rücksichtlich der Zahl der zu nehmenden Bäder, ihrer Aufeinanderfolge, ihrer Dauer, wie rücksichtlich des Masses der betreffenden Zusätze. Nur selten erfordert das Bad mildernde Zusätze, wie Regenwasser, Malz, Kleie u. d. gl., es müssten denn örtliche Reizzustände der Haut dazu nöthigen. Möglichst kühle Bäder von 25— 23° R., von kurzer Dauer und zeitweisen Unterbrechungen, sind am Platze; zu frühzeitige locale Applicationsweisen führen gewöhnlich Verschlimmerung des örtlichen Uebels herbei. Intercurrente akute Entzündungen und fluxionäre Erscheinungen, wie solche in dieser Scrofelform so häufig, verbieten temporär den Gebrauch unserer Quellen gänzlich. Erfordert die Hartnäckigkeit des Uebels eines verstärkenden Badezusatzes, so gebührt im Allgemeinen der gradirten Soole vor der Mutterlauge der Vorzug. Ueberreizungen sind hier namentlich zu verhüten; forcirte Stuhlgänge, erzwungene Hauteruptionen führen ganz vom Ziele ab, und beschleunigen die Consumtion des Individuums. Der innerliche Gebrauch des Wassers ist entweder ganz zu unterlassen, oder nur in gehöriger Verdünnung mit Milch, Molke zu gewähren. Hat man diese erethische Form auch früherhin im Allgemeinen den natronhaltigen Quellen, insbesondere Ems, zugetheilt, so weist sie doch eine vorurtheilsfreie Erfahrung, unter den nöthigen Cautelen, vor das Forum von Kreuznach, in welcher Beziehung der Ausspruch eines gewiss unbestochenen Zeugen, des frühern Brunnenarztes Vogler in Ems, hier eine Stelle finden mag: „Der Ansicht einiger theoretischen Therapeutiker, dass das Natron und die Natronhaltigen Mineralquellen mehr für die erethische, sensible, die brom- und jodhaltigen Kochsalzwasser mehr für die torpide Form der Scrofeln geeignet sein sollten, kann ich nicht beipflichten; ich muss vielmehr in jeder Art von Scrofeln den brom- und jodhaltigen Salzsoolen den Vorzug einräumen, sobald, wie bei jedem Mittel, hinsichtlich des Maasses und der Dauer seiner Anwendung Rücksicht auf die Verschiedenheit des Individuums genommen wird."

Bei der torpiden Scrofelform ist dagegen Kreuznach in seiner umfassendsten, energischsten Anwendungsweise am Platze. Ich möchte sagen, je grösser die Verwüstungen, desto glänzender die Erfolge! Auf diesem Felde hat Kreuznach seine wohlverdienten Lorbern geerntet. Wir verbinden hier ohne Rückhalt die innere mit der äussern Anwendung; setzen dem Bade als Verstärkung Mutterlauge zu, und steigen damit, doch nicht allzurasch, und mit steter Rücksicht auf die Individualität, bis zum Eintritt allgemeiner Reactionserscheinungen; die Application einfacher oder durch Mutterlauge verstärkter Soole bei Localleiden ist hier frühzeitiger gestattet; Bäder von 25—27 ° R. sind die zweckmässigsten.

Mannigfach sind die Einzelformen, unter denen die Scrofelkrankheit in die Erscheinung tritt; die äussere Haut nebst dem Unterhautzellgewebe, die Schleimhäute der Sinnesorgane, Augen und Ohren, wie die des Digestions- und Respirationsapparats, die Knochen und Gelenke, und ganz besonders die lymphatischen Drüsen, bilden ihren Lieblingssitz. Hieraus entwickelt sich eine ansehnliche Reihe der verschiedenartigsten Krankheitsformen, die bald vereinzelt, bald nebenoder nacheinander in einem scrofulösen Individuum auftreten, und in ihrer Mannigfaltigkeit jenen Symptomencomplex darstellen, den wir Scrofulose nennen. Die Behandlung hat vorzugsweise die Grundkrankheit im Auge; die Heilung der einzelnen Formen erfolgt um so entschiedener durch unsere Quellen, in je engerem Verbande sie noch mit jener stehen, während da, wo dieser Zusammenhang lockerer geworden, wo die örtlichen Krankheitsproducte mehr als Residuen früherer scrofulöser Diathese bestehen, und eine gewisse organische Selbstständigkeit erlangt haben, der Einfluss unserer Quellen ein bei weitem untergeordneterer, ihre Gebrauchsweise selbst eine durchaus verschiedene ist. Hier begegnen wir den Fällen, wo mit den Zusätzen ergiebiger, oft bis zur örtlichen Reizung, gestiegen, wo durch Umschläge,

Douche und andere örtliche Applicationsweisen der allgemeinen Kur zu Hülfe gekommen werden muss.

Die Aufzählung dieser einzelnen Scrofelformen, wiewohl streng genommen hierher gehörig, mag, um Wiederholungen zu vermeiden, unter den später abzuhandelnden örtlichen Ernährungsstörungen ihre Stelle finden.

II. Rhachitis.

Eine früher den scrofulösen Krankheitsformen zugetheilte allgemeine Ernährungsanomalie des kindlichen Alters bildet die Rhachitis — Englische Krankheit, doppelte Glieder —. Neuere Untersuchungen haben indess ihre Unabhängigkeit von Scrofulose dargethan, und sie als selbständige Krankheitsform anerkannt. Das Wesen derselben beruht auf mangelhafter Knochenbildung zur Zeit der Ossification des Knochengerüstes, indem die durch Wucherung der Epiphysenknorpel und des Periost's entstandenen knorpeligen und fibrösen Gebilde wegen mangelhafter Kalkablagerung längere Zeit diesen embryonalen Charakter behalten, und dadurch zu mancherlei Verkrümmungen und Missstaltungen Veranlassung geben. — Die ätiologischen Momente dieser Ernährungsstörung sind zur Zeit noch dunkel; bei der scheinbar mit ihr verwandten *Osteomalacie* wird der schon gebildete Knochen durch Abfuhr seiner Kalksalze weich und geschmeidig, während es bei der Rhachitis wegen mangelnder Zufuhr gar nicht zur festen Knochenbildung kommt. Erblichkeit, schlechte Ernährung, Mangel an frischer Luft und sonstige antihygieinische Verhältnisse begünstigen ihre Entwickelung. — Die Krankheit beginnt oft schon mit der zweiten Hälfte des ersten Lebensjahrs, und ergreift Schädel, Rippen, Extremitäten und Wirbelsäule in absteigender Reihenfolge; die Verdauung erleidet tiefe Störungen; anhaltender Darmcatarrh bringt die Kinder bis zum Skelett herunter, desgleichen profuse Schweisse; rhachitische Kinder können sich nicht auf den Beinen halten, lernen spät laufen, oder, hatten sie schon angefangen, verlernen es wieder; die Kopffontanellen bleiben lange offen, der Hinterkopf wird weich — *Craniotabes* —; die Gelenkeenden der Röhrenknochen sind geschwollen — doppelte Glieder —, die Unterleibsdrüsen, besonders Leber und Nieren, hypertropisch, der Urin zeigt eine vorwiegende Menge phosphorsauren Kalks.

Der Einfluss unserer Quellen auf den Verlauf dieser Entwickelungskrankheit ist ein entschieden günstiger; bei zweckmässigem innerlichem wie äusserlichem Gebrauche regelt sich die Verdauung, die Schweisse nehmen ab, die Allgemeinernährung hebt sich, und der abnorme Process in den Knochen weicht einem normalen Wachsthum. Freilich müssen damit die anderweitigen hygieinischen Bedingungen Hand in Hand gehen: Genuss der freien Luft, sonnige Spielplätze, kräftige animalische Kost, und directe Bekämpfung des schwächenden Darmcatarrh's; Aufenthalt an der Seeküste schliesst sich als Nachkur passend an.

III. Syphilis.

Die Beziehungen Kreuznach's zur eigentlichen Syphilis sind, wie die der hydropathischen Kuren überhaupt, sicherlich nur sehr indirecter Natur, und die angeblich durch Mineralwasser- oder Kaltwasserkuren geheilten Syphilisfälle erweisen sich im Lichte einer gesunden Kritik als sehr problematisch oder geradezu trügerisch. Nicht als ob Kreuznach oder eine sonstige Wasserkur nicht unter gewissen Bedingungen bei einzelnen mit Syphilis behafteten Individuen nutzbringend werden könne, aber die Syphilis wird weder durch Kreuznach noch durch jene geheilt.

Es ist eine bekannte Thatsache, dass Syphilis bei, aus was immer für Gründen, geschwächten, heruntergekommenen Naturen sich sehr in die Länge zieht, und der definitiven Heilung grosse Schwierigkeiten bereitet. Sei es nun, dass Syphilis in ihrem ersten Entstehen einen durch vorangegangene Krankheiten siechen Körper trifft, oder dass sich dieses Siechthum erst im Laufe der Behandlung einstellt: es giebt unter diesen Verhältnissen eine Grenze, wo die Wirkung der antisyphilitischen Mittel stille steht, und, wird mit diesen dennoch fortgefahren, sich die folgenschwersten Zerrüttungen der ganzen Organisation bemerkbar machen. Hier muss denn rationeller Weise zunächst jenem drohenden Zerfall Einhalt geschehen, bevor der Syphilis weitere Rechnung getragen wird, und dies sind im Allgemeinen die Fälle, die man, und mit Recht, Kaltwasser- oder Mineralwasserkuren zuweist. Im Speciellen gestalten sich die Fälle folgendermassen. Die Syphilis trifft einen gesunden Körper, die antisyphilitische resp. merkurielle Behandlung wird aber, sei es durch Verschulden des Patienten oder des Arztes, in zweckwidriger Weise durchgeführt: der Syphilitische wird dann neben seiner Syphilis noch merkuriell krank, seine Constitution, je länger je gründlicher, zerrüttet werden. Wird hierbei, wie nicht selten, durch weitere eingreifende Medicamente auf den Organismus losgestürmt, so wird die Blutverarmung immer grössere Fortschritte machen, und die örtlichen Ernährungsstörungen unter den mannigfaltigsten Erscheinungen sich aussprechen. Natürlich ist hier Abstehen von jeglicher Arzneibehandlung und Versetzen des Körpers unter bessere hygieinische Verhältnisse das beste Antisyphiliticum. Substanziöse Kost, Milchkur, frische reine Luft, unter Umständen eine leichte Kaltwasser- oder Mineralwasserkur, werden durch Bethätigung der allgemeine Stoffwechselvorgänge theils jene im Körper zurückgehaltenen Arzneisubstanzen auf die einfachste Weise entfernen, theils bessere allgemeine wie örtliche Ernährungsverhältnisse einleiten. Möglich auch, dass erst unter dieser restaurirenden Behandlung einzelne früher nicht zur Erscheinung gekommene Symptome der ursprünglichen Krankheit oder des angewandten Mittels sich offenbaren, wie Speichelfluss, neue Geschwüre u. dgl., und dass nun bei gehobenem Kräftezustande die Syphilis von selbst oder unter einer neuen antisyphilitischen Kur glücklich zu Ende geht: so lassen sich doch füglicherweise kaltes Wasser, Milch, frische Luft nicht als Antisyphilitica bezeichnen, wie dies eine reclamirende Casuistik nicht allzuselten beansprucht.

Trifft Syphilis einen durch frühere Krankheit oder Krankheitsanlage schon geschwächten Körper, so werden sich die Verhältnisse ähnlich gestalten. Bei scrofulösen Individuen kann es dann, da beide Dyskrasieen ungefähr die nämlichen Körpergewebe, Haut, Schleimhaut, Drüsen und Knochen zu ihren Localisationsheerden wählen, *in praxi* oft zweifelhaft sein, ob man, zumal wenn schon antisyphilitische Kuren vorhergegangen, die eine oder andere Krankheitsform vor sich hat, insbesondere bei Kindern, die entweder in Folge hereditärer Syphilis scrofulös geworden sind, oder, bei scrofulöser Disposition, durch eine Amme oder sonstwie eine syphilitische Affection sich zugezogen. Solche Fälle treffen sich alljährlich, die, unter der Firma Scrofulosis hierhergeschickt, bei genauerem Examen die unwiderleglichsten Merkmale bestehender Syphilis an sich tragen. Kreuznach bietet sich hier als willkommenes Mittel dar, insofern es in Verbindung mit einem entsprechenden Régime die allgemeinen Ernährungsverhältnisse derart regelt und bessert, dass eine gleichzeitige oder nachfolgende direct antisyphilitische Behandlung zum gewünschten Ziele führt. Was Kreuznach bei scrofulöser Complication, werden andere Mineral- oder Kaltwasserkuren in ihrem Kreise leisten, ohne desshalb sich als veritable Antisyphilitica geriren zu können.

B. Oertliche Ernährungsstörungen.

I. Krankheiten der Haut.

Nächst den scrofulösen Krankheitsformen waren es insbesondere die chronischen Hauterkrankungen, die den Ruf der hiesigen Quellen gleich bei ihrem ersten Auftreten begründeten; ja letztere vorzugsweise, da Heilungen langwieriger Hautkrankheiten mehr in die Sinne fallen, und desshalb ein dankbareres Publikum finden, als die erst nach Jahren in Aussicht stehende Besserung scrofulöser Krankheitsdiathese. Trotzdem herrscht für diese Klasse der Ernährungsstörungen weder in Hinsicht der allgemeinen Indicationen noch der speciellen Kurtechnik eine solche Sicherheit, wie erfahrungsgemäss für andere hier behandelte Krankheitsgattungen. Es hängt diese Unsicherheit mit unsern Kenntnissen dieser Branche von Erkrankungen überhaupt zusammen, die, ein Kind der neuesten Zeit, mehr denn jede andere, an Lücken und Widersprüchen leidet. So lange man die Hautkrankheiten von den Erkrankungen der übrigen Gewebe und Organe loslöste, und unter besondere pathologische Gesichtspunkte stellte, musste auch die Therapie den festen, sicheren Boden verlieren, und entweder vorgefassten Hypothesen oder dem reinen Empirismus zum Opfer fallen. Die Zurückführung auf einzelne Primitivformen, wie sie namentlich das Willan-Bateman'sche System mit Consequenz erstrebte, hat zwar zur bessern Sichtung des Materials in erfolgreicher Weise beigetragen, aber auch durch Anhäufung einer Menge, nur auf verschiedener Entwickelungsstufe beruhender Formen, eine Zersplitterung in Arten und Unterarten geschaffen, die Zusammengehöriges trennte, und Auseinanderliegendes vereinte. Erst seitdem man angefangen die Structur der gesunden Haut anatomisch festzustellen, und ihre vielgestaltigen Erkrankungsweisen auf bestimmte pathologische Processe zurückzuführen, beginnt das Dunkel sich zu lichten, und die Therapie gewinnt reelle Angriffspunkte.

Die pathologischen Processe sind keine andern, als wie wir sie in den übrigen Organen und Geweben antreffen, und nur die besondere Structur der Haut, und die Möglichkeit, jene mit unsern Sinnen erschöpfender wie in unzugänglichen Organen verfolgen zu können, gewährt uns ein ausgedehnteres Beobachtungsmaterial und detaillirtere Formen der Erkrankung. Ein Analogon bietet das Auge. Unter den pathologischen Processen sind es insbesondere die exsudativ-entzündlichen

Ernährungsstörungen, die in der Haut, gleich andern Körpergeweben, sich ausbilden, und je nach ihrer Ausbreitung über engere oder weitere Grenzen, über tiefere oder oberflächlichere Schichten, je nach dem Grade ihrer Intensität und ihrem genetischen Zusammenhang, eine grosse Mannigfaltigkeit der Erkrankungsformen begründen; ähnlich die pathologischen Neubildungen, Hypertrophieen u. s. f.

Die Hautkrankheiten sind entweder lediglich das Produkt örtlicher Ernährungsanomalieen, oder hängen mit allgemein dyskrasischen Verhältnissen, Syphilis, Scrofeln u. ä., zusammen; andere ätiologische Momente, wie die vikariirende Stellung der Haut zu den Schleimhäuten, verdienen Berücksichtigung, Erblichkeit spielt eine Rolle; eine herpetische Dyskrasie d. h. eine bestimmte Blutkrase, die ohne Vermittelung anderweitiger Krankheitsursachen direct Hautschärfen erzeugt, möchte leichter zu supponiren, als zu beweisen sein.

Die Therapie schöpft, wie überall, ihre Indicationen aus der Natur des Krankheitsprocesses und den zu Grunde liegenden Ursachen. Mit Berücksichtigung dieser suchen wir die örtliche Ernährungsstörung zur Norm zurückzuführen, wozu uns sowohl allgemeine wie locale Mittel zu Gebote stehen. Dass man letztere in früherer Zeit ungebührlich vernachlässigte, war in dem Bestreben begründet, jedes Hautblüthchen, als Ablagerung einer innern Schärfe, zu conserviren, und der Scheu vor Unterdrückung und Zurücktreibung auf edlere Theile. Diese Sehen hat sich im Allgemeinen als ungerechtfertigt erwiesen, und wir wählen unsere Mittel nach allgemeingeltenden therapeutischen Maximen.

In der grössern Zahl der chronischen Hautkrankheiten — die uns hier zunächst beschäftigen — ist entweder gleich von vorn herein, oder nach Ablauf des akuten Stadiums, der Stoffwechsel der afficirten Stelle retardirt, die verschiedenen Hautschichten mit flüssigem oder festem Exsudat durchsetzt, das auf der Oberfläche zu Schuppen und Krusten vertrocknet, die Blutbewegung verlangsamt: so dass es der bezüglichen Reizmittel bedarf, die örtliche Blutstauung zu heben, die

Infiltration zur Schmelzung und Resorption zu bringen, mit Einem Worte, den örtlichen Lebensprocess zu bethätigen. Und in der That verfolgen die meisten der bei chronischen Hauterkrankungen gebräuchlichen Mittel diesen Zweck, indem sie von den reinen Aetzmitteln bis zur grünen Seife nur eine fortlaufende Stufenleiter adäquater Reize für die jeweilig afficirte Hautparthie darstellen.

Betrachten wir von diesem allgemeinen Standpunkte die therapeutischen Beziehungen Kreuznach's zu den genannten Krankheiten, so wird uns sein Nutzen zunächst in jenen Fällen einleuchtend, wo die äussere Hauterkrankung als localer Ausdruck einer seiner Heilsphäre angehörenden Dyskrasie z. B. der Scrofulose, erscheint, oder wo mit der Beseitigung ursächlicher Momente, wie venöser Stockungen im Unterleibe, Secretionsanomalien der Schleimhäute u. dgl., der weitern Entwickelung des örtlichen Processes der Boden entzogen wird. Ihren directen Einfluss werden die hiesigen Kurmittel unter jenen Verhältnissen äussern, wo es darauf ankommt, durch Bethätigung des allgemeinen wie örtlichen Stoffwechsels die chronische Hauterkrankung zur raschern Entwickelung resp. Rückbildung zu bringen, wie wir auch in andern Organen, z. B. dem Auge, chronische Exsudativprocesse durch Ueberführung in einen akuten Zustand zu einem raschern Ablauf disponiren. Rechnen wir hierzu noch die die Hautthätigkeit anregende Wirkung der Bäder überhaupt, ihre erweichende, verflüssigende Einwirkung auf die der Epidermis aufgelagerten, vertrockneten Exsudatmassen, ihre directen Beziehungen zum secretorischen Hautdrüsenapparat: so müssen wir anerkennen, dass wir hier einen Complex von Heilagentien besitzen, dessen geschickte, dem jeweiligen Reizzustande accomodirbare, Handhabung in den gedachten Krankheiten uns einen weiten segensreichen Wirkungskreis eröffnet. — In wiefern noch andere Mittel mit der hiesigen Kur zu verbinden, hängt von der Natur des Hautleidens und der genetischen Verhältnisse ab; wo uns die Erfahrung bestimmte Mittel an die Hand giebt, wie etwa Arsenik gegen squamöse Hautleiden, wäre es thöricht auf diese zu verzichten.

um auf einem weiten Umwege an's Ziel zu gelangen; erfordert das constitutionelle Leiden, z. B. Syphilis, ein specifisches Mittel, so ist dessen Anwendung eben so natürlich wie sachgemäss.

Bei der nunmehrigen Aufzählung der einzelnen Krankheitsformen werden wir im Allgemeinen der pathologisch-anatomischen Grundlage folgen, und so viel wie möglich Verwandtes aneinander zu reihen suchen.

I. Chronische Entzündungs- (Exsudativ-) Processe der Haut.

1. Eczema.

Die häufigste, auch hier am stärksten vertretene, chronische Ausschlagsform ist das Ekzem — nässende Flechte —. Diffuse Entzündung der oberflächlichen Hautschichten mit seröser Exsudation unter die Epidermis bildet den anatomischen Grundcharakter. Je nach der Menge und Beschaffenheit des Exsudats und dessen weitern Umwandlungen entwickeln sich die verschiedenen Formen des Ekzems, die wir als besondere Arten aufführen. Ist das Exsudat reichlich genug, die Epidermis loszulösen und in die Höhe zu heben, so bilden sich kleine, dichtgedrängte Bläschen — *Vesiculae* — auf geröthetem Grunde, und das Ekzem erhält den Namen *Eczema simplex s. vesiculosum*, die gewöhnliche Form; nimmt der Inhalt des Bläschens nach und nach eine eitrige Beschaffenheit an, so dass das Bläschen zur Pustel wird, so erhalten wir das *Eczema impetiginodes*; wird die Epidermis durch das reichliche Secret erweicht und abgestossen, so dass das geröthete nässende Corium zu Tage tritt, so entsteht die Form, die man als *Eczema rubrum s. madidans* bezeichnet; bildet das mehr feste Exsudat statt der Bläschen nur einzelne kleine Emporragungen über das Hautniveau — *Papulae* —, so erscheint das Uebel als *Eczema papulosum s. lihenoides*; ist endlich das Exsudat so sparsam, dass die Epidermis, statt sich zu erheben oder zu erweichen, bloss vom Papillarkörper sich loslösst, um später in Gestalt trockener Schuppen von der gerötheten Haut sich abzustossen, so entwickelt sich jene früher als *Pityriasis rubra* aufgeführte Form des *Eczema squamosum*. Durch das nach Abstossung der Epidermis erfolgende Eintrocknen der auf das Corium gesetzten Exsudate zu Krusten und Schorfen entstehen jene Formen, die man sonst als *Tinea, Crusta elactea, Porrigo* u. s. w. bezeichnete.

Der Verlauf des Ekzems ist in der Regel ein chronischer, bedingt durch die häufige Wiederkehr des ursprünglichen Krankheitsprocesses an den bereits ergriffenen Hautstellen. Ein charakteristisches, den Kranken besonders belästigendes, Symptom dieses Ausschlags ist das heftige Jucken mit unwiderstehlichem Hang zum Kratzen, was auf ein Ergriffensein des Papillarkörpers deutet. Hierdurch erleidet die ursprüngliche Form des Ekzem mannichfache Veränderungen, indem die junge sich bildende Epidermis gewaltsam losgerissen, das Corium blossgelegt, und durch den beständigen Reiz auch die tieferen Hautschichten in die entzündliche Ernährungsstörung hineingezogen werden, sich infiltriren und verdicken. Auf diese Weise bildet sich aus dem ursprünglichen *Eczema simplex* das *Eczema rubrum*, wie überhaupt theils durch örtliche theils durch constitutionelle Ursachen die eine Form leicht in die andere übergeht. Diese Ursachen selbst anlangend, so unterliegt es keinem Zweifel, dass man lediglich durch örtliche Reize, z. B. durch Einreiben von Crotonöl nach Hebra, sämmtliche Formen des Ekzems künstlich erzeugen kann, und dass auch die natürlichen Ekzeme häufig nur das Produkt örtlich einwirkender Reize darstellen. Ein andermal sind es allgemein dyskrasische Verhältnisse, wie scrofulöse Diathese, mit Sexualstörungen verbundene Chlorose u. a., die der Bildung von Ekzemen zu Grunde liegen; desgleichen sind Stauungen im Venensystem öfter bedingende Momente. Wo ein bestimmter Causalnexus nicht aufzufinden, hat man früher eine eigene herpetische Dyskrasie statuirt, die, wenn auch nicht als solche vorhanden, doch als erbliche Disposition nicht von der Hand zu weisen ist.

Das Ekzem ist entweder über den ganzen Körper verbreitet. *Eczema universale* — die seltnere Form —, oder auf einzelne Körperstellen beschränkt, *Eczema partiale;* die anatomische Struktur der ergriffenen Hautparthie, die Anwesenheit oder der Mangel an Talgdrüsen und Haarbälgen u. a. bedingt die Verschiedenheit der einzelnen Formen. Bildet die behaarte Kopfhaut den Sitz des Uebels, so entsteht das *Eczema capillitii*, eine sehr häufige Krankheit, namentlich des Kindesalters, desgleichen im Gesichte. *Eczema faciei* — die frühere *Porrigo larvalis*, *Crusta lactea* — ebenfalls der frühern Lebensperiode angehörig; in der Nähe der Ohren, *Eczema aurium*, das sich auch öfters auf die Ohrmuschel und den äussern Gehörgang fortsetzt; an der Nase, *Eczema nasi*, mit häufigem Uebergang auf die Nasenschleimhaut; *Eczema mammae*, besonders um die Brustwarze; *Eczema pudendorum*, bei Männern auf dem Penis und Hodensacke, bei Frauen um die grossen Schamlippen, mit unausstehlicher Juckempfindung. Beim Sitze des Uebels an den Extremitäten wird entweder der ganze Unterschenkel ergriffen, wobei reichliche Mengen Serums ausschwitzen, und die *par préférence* s. g. „Salzflüsse" darstellen, oder die Beugeseite der Glieder, die Knie- und Ellenbogenbeuge, präsentiren das mehr trockene, rissige Ekzem; eine sehr hartnäckige Form ist das *Eczema digitorum et palmare*, an der Innenseite der Finger und der Hohlhand, desgleichen auf der Fusssohle, *Eczema plantare*, welche beide gewöhnlich als *Psoriasis palmaris et plantaris* bezeichnet werden. — Besitzt auch kein Körpertheil eine Immunität gegen *Eczema*, so hat dasselbe doch seine Lieblingsstellen und so werden jugendliche Individuen im Allgemeinen mehr von Ekzemen des Gesichts und der Kopfhaut, Erwachsene mehr von Ekzemen des Rumpfs und den Extremitäten heimgesucht.

Das Ekzem ist ein sehr hartnäckiges, lästiges Uebel; führt dasselbe auch nicht leicht zu tiefern Allgemeinerkrankungen, so wird es doch durch die oft unerträgliche Juckempfindung und das damit verbundene unwillkürliche Kratzen, zumal in der Bettwärme, häufig eine

Quelle andauernder Nervenstörungen, so wie durch seinen Sitz an sichtbaren Theilen für manche, namentlich weibliche, Patienten die Ursache tiefer Bekümmerniss.

Die Behandlung des Ekzems durch unsere Quellen entspricht der doppelten Aufgabe: der Verbesserung allgemeiner Constitutionanomalieen wie der Regulirung des örtlichen Entzündungsprocesses. Ist, wie häufig, Scrofulose mitbedingendes Moment, so ist der hiesige Heilapparat schon von dieser Seite her indicirt; ist es Chlorose, substituiren wir das Eisen u. s. f.; ist eine bestimmt dyskrasische Ursache nicht aufzufinden, so könnte wohl die rein örtliche Behandlung durch Bäder, Umschläge u. s. w. genügen, doch, bei der zwar öfter ventilirten aber immerhin noch nicht entschiedenen Frage, ob bei Ekzem überhaupt die locale Behandlung ausreiche, wird man in den meisten Fällen gewiss sicherer gehen, mit letzterer die Trinkkur, als allgemein säfteverbesserndes Mittel, zu verbinden. In Betreff der Bäder richten wir uns nach dem jeweiligen Reizzustande der ergriffenen Hautparthie; in frühern Perioden verträgt das Ekzem kaum je starke Mutterlaugenzusätze; Jucken, Schmerzen und Secretion nehmen in unerträglicher Weise zu, so z. B. bei *Eczema universale*, das unter dem Gebrauche einfacher Soolbäder in der Regel sich bessert und bei gehöriger Ausdauer wohl auch zur Heilung gelangt. In spätern Perioden des Uebels, wo bedeutende Infiltrationen der Cutis, dicke Auflagerungen von Krusten und Borken mit träger, mangelhafter Abstossung der Epidermis auf gehemmten örtlichen Stoffumsatz hinweisen, ist es an der Zeit, durch Mutterlaugenzusätze den Reiz der Soolbäder zu verstärken, Soolumschläge zu appliciren u. ä., um durch Anregung der gesunkenen Vitalität, durch Schmelzung und Resorption der Infiltrate, den Process zur raschern Entwickelung zu führen. Die hierbei oft eintretende scheinbare Verschlimmerung ist nicht von Dauer, sondern nur der Vorbote beginnender Rückbildung mit nachfolgender Besserung oder gänzlicher Heilung. Freilich reicht dazu eine einmalige Kur nicht immer hin; doch führt Wiederholung derselben mehrere Jahre hindurch in der Regel zu einem günstigen Resultate. — Ob unter Umständen andere Behandlungsweisen mit der hiesigen Kur zu verbinden, ist nach dem concreten Falle zu beurtheilen; principiell ausgeschlossen sind sie keineswegs.

2. Impetigo; Ecthyma; Pemphigus.

Anschliessend an das Ekzem betrachten wir die *Impetigo*, wobei es durch Beimischung junger Zellen zu dem auf das Corium ausgeschwitzten Exsudate, anstatt zu Vesikeln, zur Bildung kleiner eiterhaltiger Pusteln kommt. — Dieser Ausschlag befällt alle Theile des Körpers; einige Arten wählen vorzugsweise das Gesicht, die Wangen, Oberlippe, Nasenflügel, andere die Extremitäten, Hals und Schultern. Seine Abgrenzung von Ekzem ist nicht immer strenge durchzuführen, da einzelne Uebergangsformen sich ebensowohl dem einen wie dem andern zuzählen lassen. — Anfangs bilden sich rothe Flecken mit gelben, dicht nebeneinander stehenden Pusteln, die nach einigen Tagen aufbrechen und eine Flüssigkeit entleeren, die bald zu dicken, gelblichen oder grünlichen Grinden gerinnt, unter denen beständig Flüssigkeit hervorsickert. Im Verlaufe einiger Wochen vertrocknen die Schorfe, fallen ab, und hinterlassen eine rothe, rauhe, etwas verdickte Oberfläche, die zu neuer Absonderung geneigt ist, bis sich allmählig eine feste, gesunde Epidermisdecke bildet. Auch dieser Ausschlag ist von heftigem Jucken begleitet. — Impetigo ist eine Krankheit des jugendlichen Alters, und findet sich namentlich bei zarter, vulnerabler Haut scrofulöser Individuen neben andern Localerscheinungen allgemeiner Scrofulose. Der entschiedene Nutzen unserer Quellen gegen dieses Hautleiden bedarf demnach keiner eingehendern Begründung.

Eine andere Form pustulöser Ausschläge, *Ecthyma*, kommt hier seltener zur Behandlung; sollte es sich bei heruntergekommenen scrofulösen Subjekten vorfinden, so würde der hiesige Heilapparat, neben kräftiger restaurirender Kost und andern Roborantien, immerhin des Versuchs werth sein.

Auch chronischer *Pemphigus* — wobei sich isolirt stehende, mit Serum gefüllte, Blasen auf geröthetem Grunde bilden, die nach einigen Tagen platzen, und excroirte Stellen hinterlassen, die sich mit dünnen Schorfen bedecken — kann Veranlassung zu einer hiesigen Kur geben; doch ist ihr Nutzen, es müsste denn Scrofulosis mit ihr in ursächlichem Zusammenhange stehen, bei dieser Ausschlagsform sehr problematisch.

3. Psoriasis.

Nächst dem Ekzem ist die *Psoriasis* — Schuppenflechte — eine der häufigsten Hauterkrankungen, und sehr oft Gegenstand der hiesigen Behandlung.

Krankhafte Epidermisbildung, durch Hyperämie und schwaches Infiltrat in die Cutis erzeugt, ist ihr anatomisches Substrat. — Die Psoriasis beginnt in Form kleiner, fester, rother Erhabenheiten, die sich bald mit kleinen, trockenen, aus übereinander geschichteten Epidermiszellen bestehenden, weisslichen Schuppen bedecken, nach deren Entfernung die geröthete, etwas geschwollene, mit einer zarten Oberhaut überkleidete Hautstelle sichtbar wird. Durch Ausbreitung des Processes nach der Peripherie vergrössern sich diese anfangs punktförmigen, durch gesunde Haut getrennten Efflorescensen, *Psoriasis punctata*, bis zum Umfange einer Linse, und stellen in dieser Vereinigung die *Psoriasis guttata* dar. Durch weitere Ausbreitung und Verschmelzung dieser linsengrossen Schuppenhügelchen untereinander gewinnt der Ausschlag an Ausdehnung und Formverschiedenheit, so dass theils hierdurch theils durch Rückbildung des Processes vom Centrum aus jene mannigfaltigen Arten sich entwickeln, die man je nach ihrer Gruppirung zu münzförmigen Scheiben, *Psoriasis nummularis*, oder beim Ineinandergreifen einzelner aufeinanderstossender Kreise *Psoriasis gyrata* u. s. w. benannt hat. Bedeckt sich allmählig die ganze Hautfläche mit solchen theils ineinander geflossenen theils neu entstehenden Psoriasisefflorescensen, so stellen sie die *Psoriasis diffusa*

dar, bei der indess immer einzelne Hautparthieen gesund erscheinen.
— Der Verlauf der Psoriasis ist durch dieses stete Umsichgreifen des
Processes, und die fortdauernde Erneuerung der abgestossenen älteren
Schuppen, ein sehr langsamer. Ihre Lieblingsstellen sind die Streckseiten der Glieder, vorzugsweise Knie und Ellbogen; doch werden auch
andere Theile, Gesicht, Rumpf, Schamtheile etc. davon befallen. Die
tiefern Parthieen des Corium nehmen selten an der oberflächlichen
Erkrankung Antheil; geschieht dies ausnahmsweise, so wird die Haut
verdickt, spröde und rissig — *Psoriasis inveterata* —. Die Aetiologie der Psoriasis liegt im dunkeln; ausser erblicher Anlage lässt
sich ein ursächliches Moment kaum auffinden; so wie sie vorzugsweise
ganz gesunde Personen befällt, führt sie auch selten zu allgemeinern
Störungen; häufig ist sie Localerscheinung der constitutionellen Syphilis, zumal in den Handtellern — *Psoriasis palmaris* —.

Die Heilung der Psoriasis ist sehr schwer; nach längerem Still-
stande treten Recidive ein, die häufig wiederkehren. Solche Stillstände
bewirken auch unsere hiesigen Bäder, die gewöhnlich mit starkem
Mutterlaugenzusatze genommen und vertragen werden. Eine Trinkkur
möchte nur da am Platze sein, wo, wie manchmal bei jugendlichen
Individuen, Psoriasis neben andern Erscheinungen der Scrofulose auftritt; constitutionelle Syphilis fordert ihre specifische Behandlung. —
So gelingt es uns bei gehöriger Ausdauer der weitern Entwickelung
der Krankheit Einhalt zu thun, und für längere Zeit neuen Eruptionen
zu begegnen; dauernde Heilungen gehören zu den Seltenheiten.

4. Lichen und Prurigo.

Diese zählen zu den Hauterkrrankungen mit Bildung von Papeln,
d. h. kleine, solide Knötchen, durch umschriebenes Exudat in die
Cutis bedingt. Die beiden Hauptformen des *Lichen* — Schwind-
flechte —, *Lichen simplex* und *agrius,* — erstere die leichtere Form,
die sich durch gruppenweise zusammenstehende hirsekorngrosse Knöt-

chen charakterisirt, und entweder nach kurzem Bestand mit Abschilferung der Epidermis endet, oder durch häufigere Wiederholung der Eruptionen chronisch wird; letztere, bei der die Haut sich verdickt, rissig wird, und mit schuppenförmigen Schorfen sich bedeckt, — die schwerere Form — werden neuerer Zeit dem Eczema zugetheilt, andere Formen andern Kategorieen: während Hebra bloss einen *Lichen scrofulosus* und *Lichen ruber* statuirt, erstern als begleitende Erscheinung der Scrofulosis, letztern als eigenthümliche, schwere Hauterkrankung mit sehr schlechter Prognose. — Wenn die leichtere Form, als Ausdruck der Scrofulose, dem Bereiche unserer Quellen angehört, so bieten die schwereren Formen jedweder Behandlung hartnäckigen Widerstand.

Die zweite Form papulöser Hauterkrankung, die *Prurigo* — Hautjucken, Juckblätterchen —, ist durch flache, der Hautfarbe gleiche, Knötchen charakterisirt, die mit unerträglichem Jucken verbunden sind. In Folge des heftigen Kratzens werden die Knötchen aufgerieben, wobei sich etwas Blut ergiesst, das zu kleinen Krüstchen vertrocknet, die die zerkratzten Knötchen überall bedecken. Im Gegensatze zur Krätze erscheint dieser Ausschlag an den Streckseiten der Glieder und am Rücken; sind grössere Körperflächen ergriffen, wird derselbe als *Prurigo universalis*, bei Beschränkung auf kleinere Stellen, After, Scrotum, weibliche Genitalien, als *Prurigo ani, pudendorum* etc. bezeichnet. Da bei der örtlichen Prurigo die Knötchenbildung kaum bemerkbar, und das heftige Jucken vielleicht nur auf einer Hyperästhesie der sensiblen Hautnerven beruht, so hat man letztere zum Unterschiede von der wahren Prurigo auch *Pruritus* benannt. — Die Krankheit ist sehr hartnäckig, und durch das unaufhörliche heftige Jucken äusserst quälend. Ueber die ätiologischen Verhältnisse wissen wir wenig; schlechte Hautkultur scheint sie zu begünstigen; die locale Prurigo hängt oft mit Erkrankung von Nachbarorganen zusammen. — Bei günstiger temporärer Einwirkung unserer

Heilquellen auf dieses Hautleiden bleibt dauernde Heilung doch oft nur ein frommer Wunsch.

5. Acne und Sycosis.

Wird der gemeinschaftliche Ausführungsgang einer Talgdrüse und eines Haarbalges durch festgewordenen Drüseninhalt verstopft, so entsteht der Mitesser — *Comedo* —, der durch aufgelagerten Schmutz an seiner Spitze schwärzlich erscheint. Entzündet sich der also verstopfte Follikel, so entsteht *Acne* — die Hautfinne —. Führt die Entzündung zu Eiterung, so bilden sich Pusteln, wird die Follikelwand infiltrirt und verdickt, Knoten; auch kann die Entzündung durch Zertheilung sich zurückbilden. Je nach dieser verschiedenen Entwickelungsstufe des entzündeten Hautbalgs wird die Acne verschiedentlich benannt. Bei der *Acne disseminata s. simplex s. vulgaris* zeigen sich kleine rothe Pusteln, die sehr langsam verlaufen, und nach ihrem Bersten braune, dünne Krusten hinterlassen. Die *Acne indurata* erscheint in Form kleiner Knoten durch Infiltration in und um den Haarbalg, besteht längere Zeit, und kann entweder durch allmählige Abschilferung enden, oder zu Eiterung führen, wobei der nekrotisirte Follikel sich losstösst. Hat die Entzündung der Talgdrüsen weniger Neigung zu Eiterung, ist sie vielmehr mit Hypertrophie des umgebenden Bindegewebes und einer Erweiterung der Gefässe vereint, so entsteht die *Acne rosacea* — Kupferrose —. Die erstern Arten der Acne sitzen gewöhnlich im Gesicht, namentlich der Stirn, doch auch auf Rücken, Brust und Oberarmen, die letztere Art wählt vorzugsweise die Nase, die durch Erweiterung der kleinen Hautvenen blauroth erscheint, und durch das Hinzutreten kleiner, sich allmählig vergrössernder Acneknoten und Bindegewebshypertrophie eine unförmliche Gestalt annimmt. Werden die Talgdrüsen und Haarbälge der Barthaare der Sitz der Entzündung und Eiterung, wobei die umgebende Cutis durch Hyperämie und Infiltration bedeutend an, schwillt so entsteht die *Sycosis s. Mentagra* — Bartflechte —. Auf der Spitze rother, zwischen den Barthaaren sitzender Knötchen entwickeln sich Pusteln, jede von einem Haar durchbohrt, die einen gelblichen Eiter ergiessen, der zu dicken Krusten vertrocknet, unter welchen die Knoten fortbestehen, und der infiltrirten Haut ein unebenes, höckeriges Ansehen geben. Auch andere behaarte Gesichtstheile können Sitz dieser Entzündung werden.

Die Acne vulgaris hängt zwar nicht mit Allgemeinerkrankungen zusammen, doch erscheint sie gewöhnlich zur Zeit der Pubertät bei beiden Geschlechtern; die Acne rosacea, obgleich vorzugsweise ein Attribut der Trinker, kommt doch auch, unabhängig vom Genuss von Spirituosen, bei schlechtmenstruirten Frauen und in den klimakterischen Jahren, und bei Personen vor, die an venösen Stockungen des Unterleibs leiden; die ursächlichen Verhältnisse sind dunkel, äussere Reize können sie veranlassen.

Gegen die genannten Uebel, die häufig Gegenstand der hiesigen Behandlung werden, leisten unsere Quellen Vorzügliches. Bei der Acne vulgaris genügen in der Regel einfache oder verstärkte Soolbäder mit örtlichen Abreibungen und Umschlägen; kleine Dosen Brunnen oder Molke können nicht schaden. Die weit hartnäckigere Acne rosacea erfordert, neben sehr geregelter Diät, innerlich den Gebrauch abführender Mineralwasser, Kreuzbrunnen, Kissingen u. a., Soolbäder und Soolumschläge und eine öftere Wiederholung der Kur; auch die Heilung der Mentagra ist schwierig, doch bei gehöriger Ausdauer unter der hiesigen Behandlung zu erwarten. Ausziehen der Barthaare bei letzterer, Ausdrücken der Comedonen bei Acne simplex und indurata müssen oft vorhergehen, so wie auch andere medicamentöse oder chirurgische Mittel unter Umständen nicht zu vernachlässigen sind.

6. Furunculosis.

Die Neigung zu wiederholten Ausbrüchen circumscripter Haut- und Unterhautbindegewebsentzündungen, wobei sich runde, in Eiterung übergehende Geschwülste bilden, die mit Ausstossung eines eiterigen Exsudatpfropfs enden, *Furunculosis*, findet sich nicht selten bei scheinbar ganz gesunden Personen als sehr lästiges, schmerzhaftes Uebel. Kreuznach hat sich hierbei öfters nützlich erwiesen, doch sei man mit starken Mutterlaugenzusätzen behutsam. Andererseits treten im Verlaufe der hiesigen Kur, auch wo die Haut nicht durch Mutterlauge überreizt worden, mitunter Furunkelbildungen auf, die für bestehende Leiden, Eczema, Psoriasis u. a. einen günstigen Wendepunkt einleiten.

7. Hautgeschwüre — Ulcera cutanea —.

Ich schliesse der Vollständigkeit halber an die verschiedenen exsudativen Hautentzündungen die Verschwärungsprocesse der Haut an, wie sie theils in Folge allgemeiner Ernährungsstörungen, theils als Product örtlicher destructiver Vorgänge an verschiedenen Theilen des Körpers, namentlich den untern Extremitäten, sich entwickeln, und häufig Objekt der hiesigen Behandlung werden, die auf deren weitern Verlauf und endliche Heilung einen unverkennbar günstigen Einfluss übt.

II. Krankhafte Neubildungen der Haut.

8. Lupus.

Der *Lupus* -- fressende Flechte, Hautwolf — beruht auf Neubildung kleiner aus Kernen und Zellen bestehender Knötchen im Gewebe der Haut, die nach und nach zu dicken Knoten sich ausdehnen und die

Epidermis erreichen. Je nachdem dieselben in ihrem weitern Fortgange das Corium und umgebende Zellgewebe atrophiren, wodurch eine schuppige, eingezogene Narbe zurückbleibt, oder durch Bindegewebswucherung in den Maschen des Corium knotige Anschwellungen in grösserem Umfange erzeugen, oder durch eitrigen Zerfall die umgebenden Theile in geschwürige Zerstörung überführen: entwickeln sich die verschiedenen Formen des *Lupus exfoliativus, hypertrophicus* und *exulcerans*. — Der häufigste Sitz des Lupus ist das Gesicht, besonders die Nase, deren Schleimhaut mit in den Erkrankungsprocess gezogen wird; durch Ausdehnung in die Fläche und Tiefe werden die betroffenen Theile zerstört, so dass grosse Defecte und entstellende Narben zurückbleiben. — Die Aetiologie des Lupus ist dunkel; wenn gleich scrofulöse Individuen, und solche, die an hereditärer Syphilis leiden, das grösste Contingent Lupöser liefern, so findet er sich doch auch bei ganz gesunden Personen, so dass man denselben nicht gerade als eigenthümliche Scrofel- und Syphilisform bezeichnen kann; für therapeutische Zwecke hat indess die Eintheilung in *Lupus scrofulosus, syphiliticus* und *idiopaticus* den Nutzen, dass sie uns Anhaltspunkte für die Behandlung bietet. Das jugendliche Alter, namentlich zwischen dem zehnten und zwanzigsten Jahre, ist am meisten disponirt, das weibliche Geschlecht liefert eine etwas grössere Erkrankungszahl als das männliche. — Die Behandlung dieses hartnäckigen, zerstörenden Hautübels durch unsere Quellen bezweckt die Verbesserung der constitutionellen Krankheitsdiathese, zumal wo Scrofulose die Grundlage bildet; es ist daher in den meisten Fällen eine energische Trink- und Badekur indicirt, und die erprobten örtlichen Mittel, namentlich Caustica, mit ihr zu verbinden. Ist Syphilis im Spiele, leiten wir ein antisyphilitisches Heilverfahren ein; in zweifelhaften oder combinirten Fällen lassen sich die Jodpräparate zweckmässig mit der hiesigen Kur vereinigen. Auf diese Weise gelingt es uns nicht selten, der fortschreitenden Zerstörung Grenzen zu setzen, und spätern Recidiven vorzubeugen.

III. Secretionsanomalien der Haut.

Die Absonderung der Schweiss- und Talgdrüsen erleidet mannigfache Veränderungen, die sich zum Theil der Beobachtung entziehen, zum Theil als Nebenerscheinungen bei andern, namentlich fieberhaften, Krankheiten auftreten. Aber auch bei sonst Gesunden trifft sich nicht selten ohne bestimmte Veranlassung eine Neigung zu allgemeinen profusen Schweissen, *Ephidrosis universalis*, oder diese beschränken sich auf gewisse Körpergegenden, Achseln, Hände Füsse, womit sich oft ein widerlicher Geruch verbindet, *Ephidrosis localis*. Ein andermal ist die Schweissabsonderung vermindert, *Anhidrosis*, bei gewissen Hautkrankheiten, lähmungsartigen Zuständen und sonstigen Innervationsstörungen. — Bei beiden Arten finden die hiesigen Soolbäder, als allgemein hautbelebende Mittel, ihre gerechtfertigte Anwendung.

Die Secretion der Talgdrüsen ist bei manchen Personen derart vermehrt, dass die Haut, namentlich Gesicht und Stirne, ein fettglänzendes, öliges Ansehen erhält; gerinnt das anfangs flüssige Secret zu Schuppen und Borken, so benennt man den Zustand *Seborrhoea*, die vorzugsweise die Kopfhaut und verschiedene Theile des Gesichts, Nase, Wangen befällt. Erstere findet sich namentlich bei Säuglingen, letztere bei Mädchen, die an Menstruationsstörungen leiden, und Frauen in den klimaterischen Jahren. — Ist dagegen die Talgsecretion vermindert, so erscheint die Haut glanzlos, trocken und bei gleichzeitig verminderter Schweisssecretion derart spröde, dass die Epidermis sich beständig in kleienartigen Schüppchen abstösst, *Pityriasis*. Höhere Grade dieses Uebels haben Aehnlichkeit mit der *Ichthyosis*, die jedoch in ihrer wahren Form auf diffuser Hypertrophie des Papillarkörpers und der Epidermis beruht, und gewöhnlich angeboren und unheilbar ist. — Bei allen Secretionsstörungen der Talgdrüsen leisten unsere Quellen theils durch Verbesserung zu Grunde liegender Krankheitszustände, wie Menstruationsanomalieen, theils durch ihre directen Beziehungen zum Folliculärdrüsenapparat Ausgezeichnetes. Der Modus ihrer Anwendung richtet sich nach individuellen Verhältnissen; neben der Trink- und Badekur bedienen wir uns der örtlichen Applicationsweisen der Soole, wobei andere durch die Erfahrung bewährte Mittel selbstverständlich nicht ausgeschlossen sind.

Mit den geschilderten Krankheitsformen ist der Kreis der in die Heilsphäre Kreuznach's fallenden Hautaffectionen umgrenzt; seltenere, oft von endemischen oder epidemischen Ursachen abhängige, Formen sind nicht zurückzuweisen, da sie unter dem Einflusse des gesunden Klima's mit dem hiesigen Heilapparat manchmal recht günstige Veränderungen erfahren. Die von Parasiten herrührenden Hauterkrankungen finden in den bekannten Localmitteln ihre natürliche Medication; die Syphiliden unterliegen als Theilerscheinung constitutioneller Syphilis den über diese im Allgemeinen aufgestellten Heilmaximen.

II. Krankheiten der Lymphdrüsen und des Unterhautzellgewebes.

Wiewohl auch mit andern dyscrasischen Vorgängen in häufigem Zusammenhange, bilden doch die Lymphdrüsenerkrankungen ein so wesentliches Attribut der Scrofulose, dass man sie als Hauptkriterium für diese Krankheit betrachtete, und letztere schlechtweg „Drüsenkrankheit" benannte. — Das Wesen der scrofulösen Drüsenaffectionen beruht theils auf entzündlichen Processen, theils auf zelligen Hyperplasieen (Virchow). Erstere, die häufigen Begleiter benachbarter Haut- und Schleimhautentzündungen, entwickeln sich in deren Nähe, und zwar, bei dem gewöhnlichen Sitze jener Primärleiden im Gesichte und der behaarten Kopfhaut, zumeist am Halse und Nacken. Mit dem Rückgange der Primärkrankheit detumesciren auch die entzündlich geschwellten Lymphdrüsen, oder, wenn bereits das umgebende Bindegewebe an der Entzündung des Drüsenparenchyms Theil genommen, geht die Entzündung in Eiterung über, es bilden sich Abscesse, und nach deren Aufbruche scrofulöse Geschwüre. Der Verlauf dieser Drüsenentzündung ist ein mehr akuter. Andererseits aber erscheinen bei scrofulösen Individuen sehr häufig Anschwellungen der Lymphdrüsen, die, wenigstens nachweisbar nicht mit benachbarten Entzündungsreizen im Zusammenhange, auf spontane Weise entstehen, und auf einer Vermehrung der zelligen Drüsenelemente beruhen (Hyperplasie, Virchow). Ihr Verlauf ist chronisch, ihr weiterer Entwickelungsgang ein verschiedener. Entweder sie bilden sich vollkommen zurück, indem der vermehrte Zelleninhalt allmählig resorbirt wird, oder es entwickelt sich in ihnen eine schleichende Entzündung, an der das umgebende Bindegewebe Theil nimmt, und es kommt langsam zur Eiterung, die mit Abscess- und Geschwürbildung endet. Ist nur ein Theil der Drüse entzündet, und der gebildete Eiter nicht im Stande die Drüsenhülle zu durchbrechen, so wird derselbe eingedickt, und erfährt mit der Zeit die käsige Metamorphose. Letztere kann auch ohne vorangegangene Entzündung und Eiterung durch Druck der eingetrockneten Zellenelemente sich entwickeln, und später in Verkreidung übergehen, die häufig zu neuer Entzündung und Eiterung Veranlassung giebt. Lebert hat, wie bereits früher angedeutet, diese s. g. Drüsentuberculose von der eigentlichen Scrofelkrankheit getrennt, und für letztere nur die einfache Drüsenhypertrophie beibehalten.

So lange die Drüsen nicht der Sitz einer primären oder fortgeleiteten Entzündung, bilden dieselben schmerzlose vereinzelte Knoten, oder grössere zusammenhängende Convolute, gewöhnlich am Halse, unter den Unterkiefern, hinter den Ohren, seltener unter den Achseln und in den Weichen. In diesem Zustande können sie lange verharren, und als unschädliche Anschwellungen zeitlebens bestehen; tritt Entzündung hinzu, so werden sie schmerzhaft, oft von Fieber begleitet, und hinterlassen, je nach ihrer Rückbildung durch Resorption, keine sichtbaren Spuren, oder, nach ihrem Aufbruche durch Eiterung, Geschwüre mit callösen, unterminirten Rändern, die sehr langsam zu entstellenden, verzogenen Narben verheilen.

Die Behandlung dieser Drüsenaffectionen durch die hiesigen Kurmittel ist je nach ihrer Natur und Entstehungsweise eine verschiedene. Wo benachbarte Haut- oder Schleimhautentzündungen ihr Auftreten an den bezeichneten Stellen bedingen, wird unser Verfahren hauptsächlich gegen jene gerichtet sein, mit deren Heilung die Drüsenanschwellungen von selbst sich zurückbilden. Oertliche Applicationen unsers Mineralwassers werden kaum je nöthig, ja in den meisten Fällen schädlich sein, da eine reizende Localbehandlung den Ausgang in Eiterung begünstigt. Tritt aber die Drüsenkrankheit als ursprüngliche Hyperplasie auf, dann ist der hiesige Heilapparat in seiner ausgedehntesten Anwendung am Platze. Je nach der individuellen Constitution verbinden wir hier den innerlichen Gebrauch des Wassers mit den Bädern, setzen diesen Mutterlauge und gradirte Soole zu, und wirken auf die indolenten Drüsenpakete direct mittelst einfacher oder verstärkter Soolumschläge. Unter dieser Behandlung verkleinern sich allmählig die Drüsenanschwellungen, bis ihr krankhafter Inhalt gänzlich resorbirt ist, oder die weitern Entwickelungsstadien der Drüsenerkrankung werden dadurch beschleunigt, der Krankheitsprocess kommt rascher zu seinem Abschluss. Wohl können wir andere erprobte Mittel, wie Jodeinpinselungen u. a., oder bei örtlichen Organisationsfehlern chirurgische Mittel zu Hülfe nehmen; doch reicht für die meisten Fälle der consequente Fortgebrauch unsers Mineralwassers in seinen verschiedenen Applicationsweisen aus.

Aehnliche Vorgänge, wie die in den oberflächlichen Drüsen geschilderten, finden sich in den Bronchial- und Mesenterialdrüsen Scrofulöser. Auch hier können sich entweder in Folge benachbarter Reizzustände, oder selbstständig Entzündungen und Hyperplasien bilden, die dieselben Entwickelungs- und Ausgangsstadien durchlaufen. — Die Bronchialdrüsenerkrankungen, von zweifelhafter Diagnose, manifestiren sich mehr durch Druckerscheinungen auf nahe liegende Nerven und Gefässe, als durch selbstständige Symptome, der vorsichtige innerliche Gebrauch des Wassers mit Milch oder Molke nebst entsprechenden Bädern findet unter diesen Verhältnissen eine wohlbegründete Anzeige. — Die verschiedenen Mesenterialdrüsenaffectionen, zumal die Hyperplasie mit ihren mannigfaltigen Ausgängen, liefern das Bild zu der s. g. *Tabes mesaraica*, kommen jedoch als selbständige Krankheitsform bei weitem seltener vor, als die Beschreibungen älterer Pathologen es vermuthen lassen, sind vielmehr in der Regel nur Theilerscheinung benachbarter complicirter Processe, wie der Darmtuberculose, der Tuberculose des Bauchfells u. a., und haben an und für sich weder jenen deleteren Einfluss auf die Ernährung, noch ist ihre vereinzelte Diagnose so leicht, wie früher allgemein angenommen worden. Wo jene Symptomengruppe der *Tabes mesaraica* sich vorfindet, muss man dieselbe in die verschiedenen Organerkrankungen auflösen, und darnach die Behandlung einleiten; Kreuznach wird in dieser einen hervorragenden Platz behaupten.

Den eben besprochenen Lymphdrüsenerkrankungen schliesst sich die entweder nach akuten Entzündungen zurückbleibende, oder bei scrofulösen Individuen häufig spontan auftretende Hyperplasie der Mandeln an, die unter dem Gebrauche Kreuznach's öfters sich zurückbildet, bei langer Dauer aber und weit vorgeschrittener Entwickelung auch diesem widersteht, und nur auf operativen Wege zu beseitigen ist.

Von den verschiedenen Schilddrüsenerkrankungen kann selbstverständlich nur die unter dem Namen des gutartigen Kropfs bekannte, aus einfacher Hyperplasie der zelligen Drüsenelemente hervorgegangene Vergrösserung Heilobjekt für Kreuznach werden, während die auf colloider oder sonstiger Entartung beruhenden Kropfformen medicamentösen Mitteln überhaupt kaum zugänglich sind.

Auch die als s. g. kalte Abscesse im Unterhautzellgewebe Scrofulöser auftretenden Entzündungs- und Eiterungsprocesse unterliegen, wie andere scrofulose Krankheitsformen, der wohlthätigen Einwirkung der hiesigen Heilquellen.

III. Krankheiten der Schleimhäute und Sinnesorgane.

Eine allen Schleimhäuten gemeinschaftliche Erkrankung bildet der Katarrh. Das Wesen desselben beruht auf Hyperämie mit abnormer Secretion; in den leichtern Formen ist nur die oberflächliche Schleimhautschicht, in den schwereren der in sie eingelagerte Drüsenapparat ergriffen. Wiewohl in seinem ersten Auftreten akuter Natur, neigt derselbe doch sehr zu chronischer Verschleppung, zumal bei geschwächten, oder an allgemeinen Ernährungsstörungen leidenden Individuen. So bildet auch Scrofulose einen fruchtbaren Boden für die Entwickelung chronischer Katarrhe, die durch ihre lange Dauer und häufige Wiederkehr sich auszeichnen. Diese scrofulösen Formen, bei denen neben der Schleimhaut der folliculäre Drüsenapparat afficirt ist, sind es insbesondere, die in das Heilgebiet Kreuznach's fallen, und diesem vor den bei einfachen Katarrhen indicirten Natronquellen den Vorrang vindiciren. Wir bedienen uns hier sowohl der Trink- als Badekur, und verbinden mit beiden örtliche Applicationen in Form von Umschlägen, Dunstbädern u. dgl., so weit die Localität es zulässt.

A. Athmungsorgane.

Einfacher Katarrh der Luftwege wird wohl mit Recht den Natronquellen zugewiesen; wo dagegen eine scrofulöse Diathese den örtlichen Krankheitsprocess unterhält, wie dies bei Kindern so häufig der Fall, wo eine Affection der Bronchialdrüsen mit Wahrscheinlichkeit festgestellt werden kann, gebührt den hiesigen Quellen der Vorzug. Für den innerlichen Gebrauch setzen wir dem Wasser warme Milch oder Molke zu, beschränken uns auf kurze, kühle Soolbäder zur Stärkung und Belebung der Hautthätigkeit, und lassen ausserdem warme Sooldämpfe oder die Luft an den Gradirwerken einathmen. Allmählig wird auch die Zerstäubungsmethode mittelst Sales-Girons'scher Vorrichtungen sich Eingang verschaffen. — Ueber die Anwendbarkeit unserer Quellen bei ausgesprochener Lungentuberculose haben früher einige auswärtige Balneologen sehr sanguinische Hoffnungen angeregt; leider sind ihnen die hiesigen Erfahrungen nicht günstig gewesen. Dass, wenn auch nicht Identität, zwischen Scrofulose und Tuberculose ein ätiologischer Zusammenhang besteht, ist zwar nicht zu läugnen; nach dem Rücktritt der Scrofulose entwickeln sich in den Jahren der Reife so häufig Tuberkeln, beide wechseln in den verschiedenen Gliedern einer Familie so oft mit einander ab, die Anfangs- und Endproducte beider bieten so viel Gemeinschaftliches, dass wir wohl annehmen dürfen, mit der Tilgung der scrofulösen Krankheitsanlage werde der spätern Tuberkelentwickelung der Boden entzogen, was auch die Erfahrung insofern bestätigt hat, als in den frühern Perioden des s. g. *Habitus phthisicus* die hiesigen Kurmittel ein nicht zu unterschätzendes Präservativ zur Verhütung dieses Uebels bilden. In den spätern Stadien, wo schleichende Entzündungsvorgänge in der Umgebung der Tuberkeln rasche Schmelzungsprocesse mit allgemeiner Consumtion herbeiführen, würde unser Wasser jenen Auflösungsprocess nur beschleunigen, so dass wir allen Ernstes davor warnen müssen. Höchstens könnte Aufenthalt an den Gradirwerken solchen Kranken noch förderlich sein.

B. Verdauungswege.

Der chronische Katarrh des Verdauungskanals äussert sich je nach seinem Sitze in den obern oder untern Parthieen durch Unregelmässigkeiten des Appetits und des Stuhlgangs. In seinen intensivern Formen betheiligt sich der Drüsenapparat der Schleimhaut nebst den benachbarten Mesenterialdrüsen, und erzeugen langwierige Diarrhöen. die zu allgemeinen Ernährungsstörungen mit tabescirendem Charakter Veranlassung geben. Nicht bloss scrofulöse Kinder sondern auch Erwachsene siechen oft an erschöpfenden Darmkatarrhen dahin, bis sie endlich erliegen. — Neben einer ausgewählten, roborirenden Diät und kühlen, kurzen Soolbädern leisten in diesen Fällen sehr kleine Dosen Elisabethbrunnen mit warmer Milch oft Ausgezeichnetes. Man beginnt mit 1 Unze, steigt zu 2, 4 höchstens 6 Unzen auf den Tag, und sieht sich nach mehrwöchentlichem consequenten Fortgebrauche solcher Minimaldosen häufig überrascht durch den glücklichen Erfolg. Nur vorübergehende fluxionäre Zustände verbieten den innerlichen Gebrauch des Wassers gänzlich.

C. Harnorgane.

Auch die chronischen Katarrhe der Harnorgane fordern zum Gebrauch unserer Quellen auf, wenn sie mit solchen allgemeinen Erkrankungsvorgängen im Zusammenhange stehen; die erfahrungsgemäss in das hiesige Heilgebiet fallen, wie Scrofulose, chronische Hautausschläge u. s. w. Selbst steinige Concremente hat man manchmal während der hiesigen Kur mit dem Urin abgehen sehen; ob lediglich in Folge der stärkern Harnfluth nach eingenommenem reichlichern Getränk und dessen Einwirkung auf den vorhandenen Blasen- und Nierenkatarrh, oder durch direct steinauflösende Eigenschaften vermöge des im hiesigen Wasser enthaltenen Lithium, bleibt vorläufig eine offene Frage.

Wir schliessen den Schleimhautaffectionen der innern Organe die Erkrankungen der Sinnesorgane an, weil auch hier vorzugsweise die Schleimhaut mit ihrem eingelagerten Drüsenapparate die in die Wirkungssphäre Kreuznach's fallenden Krankheitsformen liefert.

a. Nase.

Die Schleimhaut der Nase bildet bei Scrofulösen häufig den Sitz einer chronischen Entzündung, die sich durch anhaltenden Schnupfen mit starkem Schleimfluss charakterisirt, und nicht selten zu partiellen Anschwellungen und polypösen Wucherungen Veranlassung giebt. Treten später oberflächliche oder tiefer greifende Ulcerationen hinzu, so entwickelt sich jene hässliche, unter dem Namen *Ozaena* bekannte Krankheit, bei der ein übelriechender, schleimig-eitriger, nicht selten blutiger Abfluss den Patienten nicht weniger, wie die Umgebung belästigt. Das Uebel findet sich vorzugsweise bei jungen Mädchen, und ist äusserst hartnäckig, selbst die so sehnlichst erwartete Menstruation setzt ihm nicht immer Grenzen. — Unter dem Gebrauche der hiesigen Kur bessern sich zwar die genannten Uebel, doch erfordert ihre radicale Bekämpfung viel Zeit und Geduld. Neben der allgemeinen Trink- und Badekur sucht man durch Einziehen von Soolwasser und Sooldämpfen in die Nase den örtlichen Krankheitsprocess umzustimmen, und, reicht dies nicht aus, durch erprobte andere Mittel, vor Allem Silbernitrat, die Wirkung jener zu unterstützen; gegen den lästigen Geruch leisten direct antiseptische Mittel palliative Hülfe; syphilitische Complication erfordert neben der hiesigen ihre specifische Kur.

Ein anderes bei Scrofulösen häufiges Uebel sind jene nässenden Ausschläge am Eingange in die Nasenhöhlen, die durch ihr scharfes Secret die Oberlippe erodiren, durch Krustenbildung die Nase verstopfen, und durch fortdauernde Reizung eine beträchtliche Anschwellung dieser Theile verursachen. Mit der Verbesserung der allgemeinen Anlage durch die hiesigen Quellen geht auch der örtliche Process eine günstige Umwandlung ein.

b. Ohren.

Die Ohrenkrankheiten Scrofulöser sind theils selbständig auftretende Katarrhe der Schleimhaut, theils aus der Umgebung fortgeleitete Entzündungsprocesse der Cutis. Der Katarrh, dessen sichtbares Symptom der Ohrenfluss — *Otorrhoea* — hat seinen Sitz bald in äussern Gehörgang, von wo er sich nicht selten bis auf das Trommelfell verbreitet, bald in den tiefern Parthieen, der Paukenhöhle, der Eustachischen Röhre, kann selbst zu den knöchernen Gebilden des innern Ohrs, dem Felsenbein und Zitzenfortsatz, dringen, und theils durch Perforation des Trommelfells, theils durch Zerstörung der Gehörknöchelchen den Grund zu unheilbarer Taubheit legen. Noch schlimmere Ausgänge werden durch Fortleitung der Entzündung auf die Hirnhaut und das Gehirn selbst bedingt. Wenn bei der versteckten, unzugänglichen Lage der tiefern Ohrparthieen schon die Application örtlicher Mittel auf grosse Hindernisse stösst, so ist der Einfluss allgemeiner Kuren gerade auf Ohrkrankheiten bekanntlich ein sehr beschränkter. Wo indess der Zusammenhang mit Scrofeln unzweifelhaft, wo die Krankheit mehr in den äussern Theilen, dem äussern Gehörgange, dem Trommelfelle, der Eustachischen Röhre sitzt, und tiefere Gewebsstörungen noch nicht eingetreten sind, lässt sich von der allgemeinen und örtlichen Einwirkung der hiesigen Quellen eine günstige Umgestaltung des localen Krankheitsprocesses erwarten. Wir lassen zu diesem Zwecke neben der Trink- und Badekur erwärmte Soole in den Gehörgang träufeln, laue Sooldämpfe einziehen, die hintern Parthieen des Mundes mit Soole gurgeln, wenn Anschwellungen der Mandeln, Auflockerung der Rachenschleimhaut mit der Gehörkrankheit in Verbindung stehen; andere locale Behandlungsweisen sind dabei nicht ausgeschlossen.

c. Augen.

Unter den Erkrankungen des Auges sind es vorzugsweise die Affectionen der Schleimhaut und der drüsigen Gebilde, die als scrofulöse Localerscheinungen dem Bereiche unserer Quellen anheimfallen. Zwar hat die neuere Ophthalmologie die eigenthümliche Gefässvertheilung, wie sie sich bei den Augenentzündungen Scrofulöser findet, als specifisches Attribut der Scrofulose negirt, und lediglich von der normalen Gefässanordnung abhängig betrachtet; doch besitzen die Augenkrankheiten Scrofulöser immerhin manches Charakteristische, was sie von ähnlichen Erkrankungen dieser Theile unterscheidet. Ihr gewöhnlicher Sitz in den Augenliddrüsen oder der Augapfelbindehaut mit Neigung zu Phlyctänenbildung und Uebergang auf die Cornea, die sie begleitende Lichtscheu, ihre langwierige Dauer und häufigen Recidive, ihr gleichzeitiges oder abwechselndes Auftreten mit andern Scrofelformen stellen ein Gesammtbild dar, das in dieser Combination nur scrofulösen Individuen eigen, und deshalb mit Recht als Localausdruck der Scrofulose angesprochen werden kann. Die von den Meibom'schen Drüsen ausgehende *Blepharadenitis Meibomiana* legt den Grund zu den häufig recidivirenden Gerstenkörnern — *Hordeolum;* — die in den Haarzwiebeldrüschen sitzende *Blepharadenitis ciliaris* führt zu Erosionen und Geschwürbildungen längs dem Rande der Augenlider, zum Ausfall oder zu büschelförmigen Verfilzungen der Wimperhaare, die ihrerseits durch Einwärtskehrung zu Reizung des Augapfels mit seinen Folgen Veranlassung geben. Wird die Palpebralbindehaut von einem sulzigen, organisationsfähigen Exsudate durchsetzt, das später auf Knorpel und Zellstoff übergeht, so entwickelt sich das *Trachom*, das durch seine hartnäckige Dauer und öftere Recidiven mannigfache Schrumpfungsprocesse der Lider und Desorganisationen des Bulbus im Gefolge hat. Die scrofulöse *Corjunctivitis* ist durch Neigung zu Exsudationen unter das Epithelium der Bindehaut in Form von Bläschen oder Pusteln ausgezeichnet, die auf der Sclera gewöhnlich verschrumpfen, auf der Cornea dagegen zu oberflächlichern oder tiefern Geschwürbildungen führen, die selbst wieder Trübungen verschiedenen Grades oder entstellende Narben zurücklassen; grosse Lichtscheu ist ihr constanter Begleiter. Nicht selten erkrankt die Hornhaut selbständig; sie bekömmt ein mattes, staubiges Ansehen, wie mit Nadelstichen betupft, es bilden sich Trübungen in Folge des gesetzten plastischen

Exsudats und neue Gefässe im Bereiche der Cornea selbst, *Keratitis scrofulosa*. Auch *Pannus* steht häufig mit Scrofeln in directer oder indirecter Verbindung; nicht weniger die Drüsen- und Schleimhauterkrankungen des Thränenapparats.

Wenn gleich die neuere Ophthalmiatrik den Schwerpunkt auf die Localbehandlung der Augenkrankheiten verlegt, so ist doch nicht zu läugnen, dass eine mit ihr verbundene constitutionelle Kur gerade bei diesen Formen schneller und sicherer zum Ziele führt. Und Kreuznach hat auf diesem Gebiete so glänzende Erfahrungen für sich, dass auch die weitgehendste Skepsis den günstigen Einfluss der hiesigen Kurmittel auf scrofulöse Augenerkrankungen nicht in Zweifel zu ziehen vermag. Leichtere Formen weichen schon einer allgemeinen Trink- und Badekur, schwerere erfordern ausserdem den Gebrauch örtlicher Mittel, wozu auch einzelne Applicationsweisen unsers Mineralwassers verwandt werden können.

Exsudationen im Innern des Auges, in der Pupille, im Augenhintergrunde u. s. w., wie sie mittelst des Augenspiegels zur Diagnose gelangen, können Gegenstand der hiesigen Behandlung werden, die als allgemein resorptionsbeförderndes Agens wenigstens Berücksichtigung verdient.

IV. Krankheiten der Knochen und Gelenke.

Die Knochen- und Gelenkerkrankungen erscheinen entweder als Folgen traumatischer Einwirkungen bei Gesunden, oder bilden Localisationen allgemeiner Dyskrasieen, besonders des Rheumatismus, der Scrofulose und der Syphilis. Bald ist das Periost, bald die innere Markhaut, bald das Knochengewebe selbst Ausgangspunkt der Erkrankung. Die *Periostitis* in ihrem akuten oder chronischen Verlaufe ergreift vorzugsweise die langen Röhrenknochen der Extremitäten und die compacten Knochen, und endet entweder mit einem verknöchernden Exsudat zwischen Beinhaut und Knochen, oder es bildet sich Eiterung, an der die umgebenden Weichtheile sich betheiligen, die Beinhaut löst sich vom Knochen ab, und es kömmt zu consecutiver Caries oder Necrose. Die Markentzündung — *Osteomyelitis* — beschränkt sich entweder auf die Markhöhle der Röhrenknochen, oder verläuft in den Knochenmaschen, besonders der kleinen Hand- und Fussknochen, an die sich Entzündung des Periost's mit ihren Folgen anschliesst, um gleichfalls mit Verschwärung oder Brand des Knochens — *Caries* und *Necrosis centralis* — zu endigen. Die Entzündung des Knochengewebes — *Ostitis* — hat ihren vorzüglichen Sitz im spongiösen Knochengewebe — den Epiphysen langer Knochen, den Wirbeln etc. — und hinterlässt entweder blosse Anschwellung der afficirten Knochenparthie, besonders der Knochenenden, oder führt zu Production von Eiter, der entweder in den Knochenmaschen infiltrirt ist, oder manchmal eingekapselte Abscesse im Gewebe der Knochen bildet, die allmählig die käsige Metamorphose eingehen, und früher als Knochentuberkeln angesprochen wurden. Der Eiter bricht sich gewöhnlich nach aussen Bahn; es entstehen fistulöse Geschwüre mit schwammigen, leicht blutenden Wucherungen, und unter dem Einflusse der Constitution Caries, oder nach Loslösung des Periost's oder der innern Markhaut Necrose.

Die Gelenkaffectionen treten unter zwei verschiedenen Formen auf, je nachdem die Weichtheile oder die Festgebilde den Ausgang der Erkrankung darstellen. Dort beginnt die Entzündung in der die Gelenkhöhle auskleidenden Synovialmembran, wo sie die Bildung eines schwammigen, plastischen Gewebes veranlasst, und allmählig die Gelenkbänder und die das Gelenk umgebenden Weichtheile in den Kreis der Erkrankung zieht. Die darüber liegende Haut ist meist gespannt, von weisslichem Glanze, das Unterhautzellgewebe serös infiltrirt, oft der Sitz von Abscessen, die sich in Geschwüre und Fistelgänge umwandeln, und nicht selten die Synovialhaut von aussen nach innen durchbrechen. Die knorpeligen Ueberzüge der Knochenenden werden entweder von schwammigen Wucherungen überzogen, oder durch ulcerative Vorgänge gänzlich zerstört, bis zuletzt das Knochengewebe selbst an der fortschreitenden Entzündung Theil nimmt, die gewöhnlich mit Caries endet. Der Inhalt der Gelenkhöhle wird vermehrt, nimmt eine eitrige Beschaffenheit an, und durchbricht nicht selten die Synovialmembran von innen nach aussen. Das ganze Krankheitsbild wird gewöhnlich unter dem Namen Gliedschwamm — *Fungus articuli* — zusammengefasst. Sind die Knochenenden primär erkrankt, so bleiben entweder hypertrophische Anschwellungen dieser Theile mit Verkleinerung der Gelenkhöhle zurück, oder die Entzündung nimmt ihren Ausgang in Eiterung, Verschwärung, die theils nach aussen auf die umgebenden Weichtheile sich fortpflanzt, theils nach innen in die Gelenkhöhle dringt, und hier neue Entzündungs- und Eiterungsvorgänge veranlasst. In Folge aller dieser destructiven Processe wird die freie Gelenkverbindung auf mannigfache Weise beeinträchtigt, und der Grund zu mehr oder minder vollständiger Anchylose gelegt, oder durch Vernichtung des Bänderapparats zu consecutiven Lageveränderungen der Gelenkenden Veranlassung gegeben. Das Gesammtbild der durch primäre Knochenaffection bewirkten Gelenkkrankheit wird als *Arthrocace* aufgeführt. Alle diese krankhaften Veränderungen der das Gelenk constituirenden Theile können sich in vielfältiger Weise mit einander verbinden, so wie auch ihre Ursprungsformen *in concreto* nicht immer so klar ausgesprochen sind.

Der Verlauf der Knochen- und Gelenkkrankheiten ist im Allgemeinen ein sehr schleppender, die Functionen der betroffenen Theile sind frühe beeinträchtigt, sehr bald leidet das Allgemeinbefinden, zumal wenn Eiterungs- und Verschwärungsprocesse die Localerkrankung begleiten. Gehören sonach die in Rede stehenden Krankheitszustände zu den sehr hartnäckigen, schwer heilbaren, so ist der günstige Effect unserer Quellen bei dieser Klasse von Leiden um so schärfer zu accentuiren. Es ist oft wunderbar, wie gerade bei schweren Knochenerkrankungen, selbst den vorgerücktesten, mit hectischem Fieber einhergebenden, die consequente Aenderung der hiesigen Kurmittel eine allmählige Umwandlung des örtlichen wie allgemeinen Processes zu Stande bringt, wenn dabei dem sonstigen Régime gebührende Rechnung getragen wird. Kleine Dosen Elisabethbrunnen regeln oft in unerwarteter Weise die schmelzenden Durchfälle; kurze, laue Soolbäder finden selbst im hectischen Fieber keine absolute Contraindication, das sie vielmehr bei leidlichem Kräftestande hintan halten. Locale, dem Reizzustande entsprechende Umschläge und Bäder wirken theils durch Ableitung, theils durch directe Bethätigung der Resorption umstimmend und verbessernd auf den krankhaften örtlichen Vegetationsprocess, und tragen mit der allgemeinen Kur nicht wenig zur *Restitutio ad integrum* bei. Ob vielleicht dem in unserm Wasser stark vertretenen Chlorcalcium ein hervorstechender Antheil an der besonders günstigen Einwirkung auf Knochenaffectionen gebührt, bleibe dahingestellt; die Thatsache selbst ist unzweifelhaft. Freilich darf weder der Arzt noch der Patient vorzeitig ermüden; Ausdauer und Geduld sind hier vor Allem nothwendige Requisite.

Die Entzündung des Hüftgelenks, eine der häufigsten und schwersten Formen, geht gewöhnlich von den knöchernen Gelenktheilen, insbesondere dem Schenkelbeinkopf, aus, führt zu ulcerativen Processen in und um das Hüftgelenk, zu Luxationen des Schenkelkopfs, und endigt nicht selten mit Anchylose und Verkürzung des Glieds. In den frühern Stadien kann bei passender Behandlung völlige Rückbildung, in den spätern in Folge der bedeutenden Eiterungsprocesse selbst der Tod erfolgen. Es ist dieses die unter dem Namen des »freiwilligen Hinkens« bei Scrofulösen, aber auch bei scheinbar ganz Gesunden, so gefürchtete Kinderkrankheit, *Coxitis, Coxarthrocace*.

Im Kniegelenke beginnt die Erkrankung gewöhnlich im häutigen und Bänderapparat, hinterlässt, zumal bei rheumatischer Ursache, Ausschwitzungen in und um das Gelenk, die der vollständigen Resorption fähig sind — *Hydrops genu* —; oder führt zur Bildung weichen, schwammigen Gewebes innerhalb des Gelenks, während die umgebende

Haut meist gespannt und glänzend erscheint — *Tumor albus genu* --. Später werden auch die knöchernen Gelenkenden ergriffen; es kommt zu complicirten Eiterungs- und Verschwärungsprocessen und schliesslich zu vollständiger Anchylose in Folge fester Verwachsung der Gelenkflächen, oder zu unvollständiger, wenn die Unbeweglichkeit mehr durch Bindegewebsadhäsionen und bandartige Stränge bedingt ist. Geht in seltnern Fällen die Erkrankung von den Knochen aus, so bleibt gewöhnlich Anschwellung der betroffenen Theile, insbesondere der Gelenkknorren des Oberschenkels, seltener des Schienbeins, mit Unbeweglichkeit des Gelenks zurück; oder es entwickeln sich jene mehrerwähnten destructiven Processe, die zu hectisch-marastischen Zuständen und endlich zum Tode führen, wenn nicht durch rechtzeitige Amputation dem übeln Ausgange vorgebeugt wird.

Aehnliche Krankheitszustände kommen am Fuss-, Hand-, Ellbogen- u. Schultergelenke vor, und haben ähnliche, der Oertlichkeit entsprechende, locale und Allgemeinstörungen in ihrem Gefolge.

Sämmtliche genannte Krankheitsprocesse können, so weit sie noch restitutionsfähig sind, durch den consequenten, umsichtigen Gebrauch Kreuznach's zur Rückbildung gebracht werden; wo schon destructive Eiterungen und Verschwärungen eingeleitet sind, vermag dasselbe den relativ günstigsten Ausgang, Stillstand der fortschreitenden Krankheitsentwickelung, wenn auch vielleicht mit mannigfacher Beeinträchtigung der Function des Gelenks bis zur vollständigen Anchylose, herbeizuführen. Einer spätern orthopädischen Behandlung wird durch den vorherigen Gebrauch Kreuznach's sehr häufig der Weg gebahnt, so wie auch die verschiedenen Druckverbände neben oder nach Kreuznach ihre berechtigte Stelle finden.

Noch einer schweren Knochenerkrankung muss hier Erwähnung geschehen, der Caries der Wirbelsäule, des s. g. Pott'schen Uebels, *Spondylarthrocace*. Ihr häufigster Sitz sind die Rückenwirbel, dann die Lenden- und Halswirbel; das Uebel beginnt als entzündlicher Process, akut oder schleichend, in einem oder mehreren der genannten Wirbelkörper, und führt in der Regel zu cariöser Zerstörung der Knochengewebes mit Betheiligung der Nachbargebilde und der Gesammtconstitution. Sind die Wirbelkörper mit Eiter infiltrirt und durch die cavernenartig erweiterten Knochenzellen brüchig geworden, so dass sie die auf ihnen ruhende Körperlast nicht mehr zu tragen vermögen: so sinkt die Wirbelsäule zusammen, und bildet die bekannte Krümmung nach hinten, das pathognomische Zeichen dieser Wirbelerkrankung. In diesem Stadium werden auch die Zwischenwirbel ergriffen, und in der Nachbarschaft der erkrankten Wirbel jene Eiteransammlungen producirt, die gewöhnlich an der Vorderseite der Wirbelsäule nach abwärts sich senken, und an verschiedenen Theilen des Rumpfs, der Inguinalgegend, dem kleinen Becken, aber auch auf dem Rücken zum Vorschein kommen, dünnflüssigen, jauchigen Eiter enthalten, und wegen ihres Sitzes fern vom Orte ihrer Entstehung Senkungs- oder Congestionsabscesse benannt werden. Schliesslich wird das Rückenmark selbst in Anspruch genommen, und, je nach dem Sitze des Uebels, die verschiedensten Krampf- oder Lähmungserscheinungen durch Reizungs- oder Druckverhältnisse zu Stande gebracht.

Es wird bei einem so schweren Leiden natürlich von dem Entwickelungsstadium des Krankheitsprocesses abhängen, ob Heilung überhaupt möglich; doch zeigen selbst in vorgeschrittenen Fällen unsere Quellen oft noch unerwartete Erfolge. Das Kurverfahren richtet sich hier, wie überall, nach den constitutionellen Verhältnissen und der örtlichen Krankheitsentwickelung; im Allgemeinen sei man, selbst bei allgemeinen Schwächezuständen, nicht allzu ängstlich mit der allgemeinen Trink- und Badekur; kleine Dosen Elisabethbrunnen mit Milch — 1 bis 3 Unzen auf den Tag — werden gegen Erwarten gut vertragen, dessgleichen kurze, laue Soolbäder mit zeitweisen Unterbrechungen; daneben China, Wein, restaurirende Diät. Oertliche Applicationen von Soolumschlägen theils auf den Herd des Uebels, theils auf die secundären Congestionsabscesse finden eine ausgiebige Verwendung; anhaltende Rücken- oder Bauchlage bei vielem Aufenthalt im Freien unterstützen die Kur in förderlichster Weise.

V. Krankheiten der Generationsorgane.

A. Sexualkrankheiten des Mannes.

Die drüsigen Organe des männlichen Geschlechtsapparats leiden häufig an den Folgen chronisch entzündlicher oder specifischer Processe, die dem Wirkungsgebiete Kreuznach's angehören. Theils primär nach Traumen, Erkältungen, theils in Folge fortgeleiteter Entzündungsvorgänge bei Tripper, theils als Localerscheinung bei Syphilis entwickeln sich Affectionen der Hoden, die je nach ihrer Entstehungsweise einen verschiedenen Sitz und Verlauf, so wie verschiedene Ausgänge darbieten. Geht die Erkrankung von gonorrhoischen Reizungszuständen der Harnröhre aus, so verbreitet sich dieselbe über die Pars prostatica der Samenbläschen, das Vas deferens zum Nebenhoden, und verläuft hier als *Epididymitis*, die entweder durch Resorption des entzündlichen Exsudats zur Zertheilung, oder bei trägerem Verlaufe zu particller oder totaler Verhärtung des Hodens führt, und hierdurch den Grund zu mehr oder minder vollkommener Impotenz legt. — Bei der als Theilerscheinung der Syphilis zuweilen auftretenden Hodenanschwellung, *Sarcocele syphilitica*, ist die Drüsensubstanz des Hodens direct ergriffen, ohne Betheiligung des Nebenhodens. Der Krankheitsprocess geht von der Albuginea aus, an deren innern Fläche und den Zwischenräumen der Samenbläschen sich Bindegewebswucherungen bilden, die durch spätere narbenartige Contraction die Samenkanälchen drücken, und die eigentliche Drüsensubstanz zu theilweiser oder gänzlicher Verödung bringen. — Die rheumatische Entzündung beginnt gewöhnlich in der Scheidenhaut, und führt zu serösen Ergüssen in dieselbe, während traumatische Insulte je nach ihrer Heftigkeit bald Zertheilung, bald Eiterung veranlassen.

Auch die Vorsteherdrüse ist der Sitz selbständiger oder fortgeleiteter Processe, die zu mannigfachen Vergrösserungen und Verbildungen dieses Organs Veranlassung geben. Als akute Complication mit Harnröhrentripper verläuft dieselbe unter heftigen Schmerzen, und endet nicht selten mit Eiterung, die, auch die Nachbartheile ergreift; oder bei schwächerem Grade der Entzündung bildet sich partielle oder totale Vergrösserung des Organs, die, je nach ihrem Sitze in dem mittlern oder den seitlichen Lappen, die lästigsten Erscheinungen verhinderter Urin- und Stuhlentleerung mit catarrhalischer Reizung der Harnblase zu Wege bringt. Bei Greisen sind auch ohne nachweisliche Reizungen in der Jugend Anschwellungen dieses Organs so häufig, dass sie zu den normalen Attributen des vorgerückten Alters zu zählen scheinen.

In allen den genannten Leiden, wo flüssiges oder festes Exsudat mit gelegentlicher Bindegewebsneubildung den Grund der Erkrankung ausmacht, sind, so lange überhaupt Rückbildung in Aussicht steht, unsere Quellen als allgemein resorptionsbefördernde Mittel anzeigt, und bewähren sich als solche durchgängig. Mit der allgemeinen Kur verbinden wir örtliche Applicationen der Soole in Form von Umschlägen, Sitzbädern oder Mastdarminjectionen, und unterstützen sehr häufig durch den Beigebrauch des Jod die natürlichen Wirkungen unsers Wassers. Inwiefern Impotenz Folgeerscheinung eines jener Leiden ist, fällt ihre Behandlung mit diesen zusammen, während stark mit Mutterlauge versetzte Bäder einen directen Reiz auf die Innervation der in Rede stehenden Theile ausüben.

Die früher als Trippermetastasen angesprochenen Affectionen sind nach neuern pathologischen Anschauungen kaum mehr aufrecht zu erhalten; nur für den s. z. Tripperrheumatismus, wie er sich namentlich im Kniegelenke fixirt, und dort die gewöhnlichen entzündlichen Vorgänge mit ihren Folgen veranlasst, möchte der causale

Zusammenhang mit Tripper nicht wegzuläugnen sein. Nach directer Bekämpfung des letzteren durch die specifischen Mittel finden unsere Quellen ihre wohlberechtigte Verwendung.

B. Sexualkrankheiten des Weibes.

Hatten in frühern Jahren scrofulöse Krankheitsformen und chronische Hautaffectionen das Hauptcontingent des Kreuznacher Brunnenpublikums geliefert, so ist dasselbe in dem letzten Decennium durch eine überwiegende Repräsentation aus dem Bereiche der Gynäkologie um ein bedeutendes erweitert worden. Und in der That hat eine reiche, vorurtheilsfreie Erfahrung die ergiebige Wirksamkeit der hiesigen Quellen gerade in den häufigsten und folgenschwersten Erkrankungen der weiblichen Sexualsphäre auf's unzweideutigste festgestellt. Sie verdanken diesen Erfolg theils ihrer verflüssigenden, auflösenden Eigenschaft im Allgemeinen, theils, bei der zugänglichen, zu Ausscheidungen disponirenden Lage der weiblichen Sexualorgane, der Möglichkeit, die örtlichen Applicationswege zu curativen Zwecken zu vervielfältigen, und das verflüssigte Entzündungsproduct sei es zur Resorption oder zur secretorischen Ausscheidung zu bringen.

Die Erkrankungen des weiblichen Generationsapparats stellen sich entweder als functionelle Störungen in der ganzen Genitalsphäre, oder als örtliche Ernährungsanomalien der einzelnen Gewebe und Organe dar, und wie sie selbst mit allgemeinen Krankheitsanlagen in häufigem Zusammenhange, so ziehen sie, wie kaum eine andere Localaffection, den Gesammtorganismus des Weibes in vielseitige Mitleidenschaft. Die grosse Gruppe der in ihrem Auftreten und Verlaufe so wandelbaren, vielgestaltigen Nervensymptome — Hysterie, — so wie die ganze Reihe auf Blutverarmung — Anämie — beruhender Ernährungsstörungen finden in Localerkrankungen der weiblichen Sexualorgane ihre ätiologische Begründung, und können nur von hier aus mit Erfolg bekämpft werden.

Unter den functionellen Störungen sind es insbesondere die zur Zeit der Entwickelung, aber auch während der Periode der Reife so häufig eintretenden Menstruationsanomalieen, die die Gesundheit des Weibes langsam, aber durch ihre regelmässige Wiederkehr um so sicherer, untergraben. Setzen zwar die einzelnen Menstruationsanomalien, wie functionelle Erkrankungen überhaupt, pathologische Veränderungen der organischen Gewebe voraus: so liegen doch die Bedingungen jener örtlichen Vorgänge so häufig in allgemeinen Krankheitsanlagen. Anämie, Chlorose, scrofulöser Dyskrasie, mangelhafter Innervation u. a., dass wir die als *Amenorrhoe, Dysmenorrhoe, Menorrhagie* zusammengefassten Symptomencomplexe als Folgen dieser Krankheitsanlagen, und bei nicht nachweisbaren Taxturveränderungen, immerhin als functionelle Störungen zu bezeichnen und klinisch zu würdigen berechtigt sind. Wann und ob unter diesen Umständen Kreuznach indicirt ist, hängt naturgemäss von dem bedingenden Allgemeinleiden ab: ist dasselbe dem Heilgebiete unserer Quellen angemessen, so wird mit dessen glücklicher Bekämpfung auch die örtliche Functionsstörung ihre normale Ausgleichung finden.

Ungleich häufiger, denn als einfache Functionsstörung, erscheinen diese Anomalieen als die Folgen mannigfacher Taxturerkrankungen der Genitalorgane selbst, und fallen als begleitende Symptome unter die Heilanzeigen dieser letztern, deren nähere Begründung uns weiter beschäftigt.

a. Krankheiten der Eierstöcke.

Die Eierstöcke sind schon durch die allmonatlich in ihnen wiederkehrenden Hyperämien mannigfachen Alterationen ausgesetzt, die, durch den anatomischen Bau dieser Theile unterstützt, sehr leicht zu bleibenden organischen Verbildungen führen. Bei ihrer tiefen Lage in der Beckenhöhle, bei ihrer geringen Empfindlichkeit, bei ihrer nur zeitweiligen Functionirung zu lebhaften Krankheitsäusserungen wenig disponirt und deshalb einer frühzeitigen Wahrnehmung nicht leicht zugänglich, bilden sie häufig den Sitz bedeutender Texturerkrankungen, bevor die Patienten von ihnen Notiz nehmen, und dadurch den geeigneten Zeitpunkt für eine wirksame ärztliche Behandlung unbenutzt verstreichen lassen. Nichts desto weniger sind die Eierstockserkrankungen von tief gehender Bedeutung für den weiblichen Organismus, da in ihnen die Bildungs- und Entwickelungsstätte der periodisch reifenden Eichen, somit die Quelle des regelmässigen Monatsflusses, sich befindet, an dessen normalen Verlauf die Gesundheit des Weibes auf's engste geknüpft ist. Tiefe Störungen der Ernährung und der Innervation sind daher die häufigen Folgen localer Eierstockserkrankungen, nicht weniger die schon berührten Menstruationsanomalien, als Amenorrhoe, Dysmenorrhoe und Menorrhagie. Ihre Beziehungen zur Conceptionsfähigkeit des Weibes gründen sich auf das regelmässig vor sich gehende Ovulationsgeschäft, daher Unfruchtbarkeit — *Sterilitas* — oft die natürliche Folge destructiver Eierstockserkrankungen. Rechnen wir hierzu noch die in Folge von Vergrösserung hervorgebrachten Druckerscheinungen auf die Beckenorgane, wie nicht minder die durch Verlöthung mit Nachbartheilen erfolgenden Lageveränderungen: und man wird sich von den vielseitigen Erkrankungsmöglichkeiten bei Eierstocksaffectionen ein anschauliches Bild machen.

Den Ausgang in spätere Organverbildung leiten auch hier häufig entzündliche Processe ein, die je nach der Intensität der veranlassenden Ursachen bald akut, bald chronisch verlaufen. Die Entzündung der Eierstöcke — *Oophoritis* — hat ihren ursprünglichen Sitz entweder in den Follikeln oder dem Strome des Organs, oder geht vom Bauchfellüberzuge aus. Die Follicularentzündung führt durch Resorption des gesetzten Exudats zur Verödung des Follikels, oder durch Vermehrung des flüssigen Inhalts zur Bildung einer Cyste. Bei der parenchymatösen Entzündung wird das Organ in Folge bedeutender Bindegewebswucherung in mannigfacher Weise verbildet, nimmt bald durch Zellenanhäufung an Umfang zu, oder geht durch narbenartige

Contraction des interstitiellen Bindegewebes einer theilweisen oder gänzlichen Verschrumpfung entgegen. Die peritoneale Eierstocksentzündung endet gewöhnlich mit Bildung plastischen Exsudats, das zu Anlöthung und Verwachsung mit den Nachbartheilen die häufigste Veranlasung giebt. In der Regel betheiligen sich diese verschiedenen Entzündungsformen unter einander.

Die parenchymatöse Entzündung ist wenig schmerzhaft, kann daher lange Zeit latent verlaufen, bis das Organ durch Massenzunahme der Palpation und Percussion zugänglich wird; schmerzhafter ist die Entzündung des Peritonealüberzugs, die sich im übrigen nur durch die dem Ovarium entsprechende Oertlichkeit von andern circumscripten Bauchfellentzündungen unterscheidet. Die chronische Eierstocksentzündung charakterisirt sich durch Schmerz in der Ovarialgegend, der durch Druck stets vermehrt wird, weniger durch Geschwulst als durch Beeinträchtigung der specifischen Geschlechtsfunctionen, der Menstruation, der Conceptionsfähigkeit, und durch die Betheiligung des Gesammtorganismus in Folge hinzutretender Anämie; die Exploration per vaginam et rectum kommt der äussern Untersuchung zu Hülfe.

Die Bekämpfung dieser verschiedenen Entzündungsformen, ist einmal das akute Stadium vorüber, stösst auf grosse Schwierigkeiten, und es hängt lediglich von der Natur und dem Grade der Verbildung ab, ob Heilung überhaupt in Aussicht steht. Ist durch narbige Contraction des interstitiellen Stroma's das Ovarium verschrumpft, die Graaf'schen Bläschen verödet, so ist an Rückbildung nicht zu denken, das Ovarium in jeder Beziehung functionsunfähig. Wo aber resorptionsfähige Exsudatmassen in und um das Ovarium sich abgelagert haben, wo durch Bindegewebswucherung einfache Verhärtung oder Vergrösserung des Organs sich entwickelt hat: lässt sich von einer zweckmässig geleiteten hiesigen Kur vieles erwarten, wie denn auch unsere gefeiertesten Gynäkologen solche Patienten vorzugsweise Kreuznach anzuvertrauen pflegen. Durch ihre constitutionsverbessernden, resorptionsbefördernden Eigenschaften finden unsere Quellen in diesen

Leiden einen ausgedehnten Wirkungskreis, und allgemeine wie örtliche Applicationsformen stehen uns hier in reicher Mannigfaltigkeit zu Gebote. Nur sei man mit der innerlichen Darreichung des Brunnens und der Stärke der Bäder vorsichtig, da Ueberreizung bei diesen schon ohnehin anämischen, sensibeln Personen auf's sorgfältigste zu verhüten ist; dagegen finden die einfachen oder mit Mutterlauge verstärkten Soolumschläge einen weiten Anwendungskreis, und ihr monatelang fortgesetzter Gebrauch, auch nach Beendigung der Kur, liefert in der That oft überraschende Resultate.

Ausser den entzündlichen Vorgängen sind es noch besonders die Cystenbildungen der Eierstöcke — *Hydrops ovarii* —, die zu einem Kurgebrauche in Kreuznach Veranlassung geben. Bald erscheinen dieselben als einfache Erweiterung Graaf'scher Follikel, deren einer oder mehrere wassersüchtig anschwellen — einfache Cysten —, balb als ein zusammengesetztes Convolut verwachsener und zum Theil neugebildeter Cysten — Cystoid —, beide gewöhnlich mit flüssigem Inhalte, bald als eine im Stroma des Ovarium's sich entwickelnde Neubildung mit gallertartigem Inhalte — Colloidcysten. — Ihre Grösse variirt von der eines kleinen Ei's bis zu der eines Mannskopfs und darüber; manchmal füllen sie den ganzen Unterleib aus, und verursachen Beschwerden entsprechend ihrem Umfange und dem auf die Beckenorgane ausgeübten Drucke. Hinzutretende Entzündungen können die Cystenwandungen wie ihren Inhalt auf vielfache Weise verändern: eine Rückbildung durch Resorption des flüssigen Inhalts findet in den wenigsten Fällen statt; entweder sie bleiben stationär oder beeinträchtigen die Gesundheit durch ihr immerwährendes Wachsthum in der eingreifendsten Weise; auch können sie bersten und hierdurch tödtlich werden.

Da Individuen mit weit vorgeschrittenen Cystenbildungen durch eine Reihe secundärer Leiden in ihren allgemeinen Ernährungsverhältnissen in der Regel sehr herabgekommen sind, so erfordert eine

Mineralwasserkur. wie jeder ernstliche medicamentöse Eingriff, die vollste Berücksichtigung des vorhandenen Kräftezustandes. Selten ist eine Trinkkur indicirt; an ihre Stelle tritt ein allgemein restaurirendes Regime: einfache oder mit schwachem Mutterlangenzusatz verstärkte Bäder können, wo der Kräfteverfall nicht bereits zu weit gediehen, mit Zuversicht gegeben werden; ganz besonders aber finden consequent fortgesetzte Umschläge aus einfacher oder mit Mutterlauge verstärkter Soole ihre durch die Erfahrung gerechtfertigte Verwendung. Die hierdurch erzielten Resultate sind oft erstaunlich. Einmal liegt die Resorption des flüssigen Inhalts einfach wassersüchtiger Graaf'scher Follikel durchaus nicht ausser dem Bereiche der physiologischen Möglichkeit; dann aber sind mir bereits mehrere Fälle vorgekommen, wo nach monatelanger Application jener Umschläge der ganze Inhalt colossaler, den Unterleib bis zum Zwerchfall ausfüllender, Eierstockscysten sich durch die Scheide nach aussen entleerte, und letztere nur noch als kleine Geschwülste in der Beckenhöhle zu entdecken waren; natürlich hatten sich hier durch Vermittelung chronisch-entzündlicher Processe Adhäsionen mit den Tuben oder andern Stellen des Uterus gebildet. Zwar ist der Beweis für den Causalnexus dieses Ausgangs mit der hier stattgehabten Kur nicht positiv zu führen, da die Möglichkeit desselben auch ohne jene nicht geläugnet werden kann; doch ist dieser Ausgang im Allgemeinen so selten, und fiel in den erwähnten Fällen so unmittelbar mit der hiesigen Kur zusammen — in Einem Falle stockte oder vermehrte sich sogar der Ausfluss, je nachdem die Umschläge versuchsweise ausgesetzt oder von Neuem applicirt wurden —, dass ein causaler Zusammenhang zwischen beiden immerhin sehr nahe liegt. Ist man allerdings in den wenigsten Fällen so glücklich, so ist doch schon genug erreicht, wenn wir bei so trostloser Aussicht vielleicht ein ferneres Wechsthum der Geschwülste zu sistiren und die allgemeinen Ernährungsverhältnisse zu verbessern vermögen.

b. **Krankheiten der Gebärmutter und ihrer Anhänge.**

Unter den Krankheiten der Gebärmutter ist zuvörderst der Katarrh der Schleimhaut theils als selbständige Krankheitsform, theils als begleitende Erscheinung anderer Uterinerkrankungen zu erwähnen. Durch die allmonatlichen Hyperämieen mehr wie jedes andere Organ zu vermehrter Schleimabsonderung geneigt, erscheint der chronische Uterincatarrh neben dem in der Regel mit ihm vergesellschafteten Vaginalcatarrh als eine der häufigsten Frauenkrankheiten, im gewöhnlichen Leben unter dem Namen „weisser Fluss" — *Fluor albus* — bekannt. Sein Verlauf ist langwierig, seine Rückwirkung auf Ernährung, Blutbereitung und Nervenleben von weitgreifenden Folgen. Die Uterin- und Vaginalschleimhaut erscheint aufgelockert, hypertrophisch, der Muttermund häufig erodirt, oder mit folliculären oder granulirenden Geschwüren besetzt. — Je nach den ätiologischen Momenten ist die ärztliche Aufgabe eine verschiedene; wo die Hypersecretion der Schleimhaut begleitendes Symptom einer selbständigen Uteruserkrankung, fällt ihre Behandlung mit der des Hauptleidens zusammen; ist sie Folge einer constitutionellen Diathese, beispielsweise der Scrofulose, erfordert diese ihre specifische Behandlung, letztere vorzugsweise den Gebrauch unserer Quellen. Das örtliche Kurverfahren, zumal die nachdrückliche Bekämpfung der den Schleimfluss unterhaltenden Geschwüre, muss dem allgemeinen in entsprechender Weise sich anschliessen.

Vor allen ist es der s. g. Uterusinfarkt — *Metritis chronica parenchymatosa* —, der, wie in der neuern Gynäkologie überhaupt, in dem Heilgebiete Kreuznach's eine hervorragende Stelle einnimmt. Massenzunahme des Uterus, verbunden mit chronischem Katarrh der Schleimhaut und Geschwürbildung an und um den Muttermund bilden sein anatomisches Substrat. Die Vergrösserung trifft entweder den Körper der Gebärmutter, besonders ihren Grund, oder vorzugsweise den Hals und die Vaginalportion, oder das ganze Organ ist gleichmässig betheiligt. Die Wände sind durch Bindegewebswucherung verdickt, die Uterushöhle gewöhnlich erweitert; die anfängliche Hyperämie weicht allmählig einer durch den Druck des neugebildeten Bindegewebes auf die Gefässe erzeugten Anämie; die Uterinschleimhaut zeigt die Erscheinungen des chronischen Katarrh. Die subjectiven Symptome des chronischen Uterusinfarkt beziehen sich grösstentheils auf Druck und Schwere im Unterleib, öftern Drang zum Urinlassen und Beschwerden beim Stuhlgange; die Menstruation, anfangs vermehrt, wird später spärlich, schmerzhaft, und von einem weisslichen oder gelblichen Ausfluss aus der Scheide begleitet. Mit der Zunahme der Geschwulst nehmen die genannten Symptome einen intensivern Charakter an, so dass namentlich bei längerem Stehen oder Gehen die lästigsten Druck- und Schmerzempfindungen im Kreuz, im Becken, in den Beinen wahrgenommen werden. Allmählig leidet die Verdauung, die Blutbereitung, und die mannichfachsten Innervationsstörungen treten hinzu. Bei der äussern Untersuchung lässt sich der vergrösserte Gebärmuttergrund durch die Bauchdecken durchfühlen, und je nach seinem Emporsteigen über die Symphyse seine Massenzunahme abschätzen; bei der Vaginalexploration entdeckt man durch das Scheidengewölbe das vergrösserte, oft schmerzhafte, untere Uterussegment, die Vaginalportion häufig hypertrophisch und rüsselartig verlängert; der Mutterspiegel belehrt uns über die Grössenverhältnisse der Vaginalportion und die Producte des chronischen Katarrh's; die Uterussonde giebt uns über die Raumverhältnisse der Uterushöhle Aufschluss, doch erheischt ihr Gebrauch grosse Vorsicht.

Die chronische Metritis entwickelt sich manchmal aus der akuten Form, häufiger in Folge mangelhafter Involution des Uterus nach dem Wochenbette, kann jedoch auch nach anhaltenden Hyperämieen der Beckenorgane selbst bei Unverheiratheten auftreten; sie begleitet in der Regel die Afterbildungen im Parenchym des Uterus, wie Fibroide, Polypen u. a.: über ihr Verhältniss zu den verschiedenen Beugungen und Knickungen des Organs weichen die Ansichten der Gynäkologen insofern von einander ab, als die Einen letztere als Folge, die Andern als Ursache der Metritis betrachten. Mögen indess beide Ansichten pathologisch sich rechtfertigen lassen, so wird doch in jenen Fällen, wo mit der Abnahme der Anschwellung auch die Knickung sich reducirt, diese als Folgeerscheinung des vergrösserten Uterinsegments aufzufassen sein.

So wenig nach den Erfahrungen der gewiegtesten Praktiker eine völlige Rückbildung des durch massenhafte Bindegewebshyperplasie vergrösserten Uterus zu erwarten steht, so sind doch die skeptischsten unter ihnen von dem Nutzen unserer und ähnlicher Quellen in diesen Leiden überzeugt, wovon schon deren stetige Zunahme an denselben das beredteste Zeugniss ablegt. Und in der That ist die Aufsaugung selbst umfangreicher Exsudate in und um das Uterusparenchym durch die hiesigen Kurmittel erfahrungsgemäss festgestellt, so dass unter ihrem Gebrauche die subjectiven und objectiven Krankheitserscheinungen nicht allein sich mindern, sondern nicht selten ganz schwinden; zum wenigsten ist Sistirung des Uebels innerhalb der bestehenden Grenzen in den meisten Fällen zu constatiren. Wenn aber irgendwo, ist strengste Individualisirung hier vor Allem geboten. In frischen Fällen, bei noch gutem Kräftestande, lassen wir Elisabethbrunnen oder einen ähnlichen fremden Brunnen, Marienbader, Kissinger, trinken, je nach der Verträglichkeit und der Einwirkung auf den Stuhl; bei vorgeschrittenen Schwächezuständen, Anämie, die in Folge der häufigen Blutverluste und der in der Regel copiösen Leucorrhoe schon frühe in Scene treten, substituiren wir salinische oder reine Eisenwasser, Eger Franzensquelle, Schwalbach u. ä., und verbinden damit eine substanziöse, restaurirende Kost; Schonung der Kräfte durch Vermeidung jeglicher körperlichen oder geistigen Anstrengung und Uebermüdung ist unter allen Umständen zu empfehlen. Auch für die Stärke der Bäder ist der individuelle Kräftestand massgebend; bald werden kaum einfache Soolbäder ohne zeitweise Unterbrechungen vertragen, bald kann eine lange Reihe starker Mutterlaugenbäder ohne auffallende Reactionserscheinungen hinteinander genommen werden. Die Temperatur des Bades erfordert die sorgfältigste Berücksichtigung; namentlich ist vor zu warmen Bädern, die Anämische überhaupt lieben, zu warnen. Ein weites Feld steht der localen Behandlung offen. Je nach dem Orte der Anschwellung appliciren wir einfache oder verstärkte Soolumschläge über die Schoossgegend, oder lassen dergleichen Einspritzungen durch die Scheide machen, erstere bei Hypertrophie des Grundes, letztere bei Vergrösserung der Vaginalportion oder des unteren Gebärmuttersegments. Die Soolumschläge lasse ich in der Regel vor dem Zubettegehen vornehmen und die Nacht über liegen, so dass die mit der Flüssigkeit getränkte Leinwand- oder Flanellcompresse, deren Verdunstung durch eine Guttaperchalage verhütet wird, des Morgens beim Wegnehmen noch feucht und warm erscheint. Es wird hierdurch nicht nur die Einwirkung des Umschlags erhöht, sondern auch zu Erkältungen weniger Gelegenheit gegeben, als wenn dieselben stundenweise im Laufe des Tages gemacht und gewechselt werden; auch ist diese Art der Anwendung den Patienten angenehmer und weniger zeitraubend. Die Applicationen durch die Scheide werden entweder im Bade mittelst eines durchbrochenen Scheidenrohrs, oder in und ausser demselben mittelst eines der bekannten Irrigateurs oder Clysopompes bewerkstelligt. Die Temperatur der Injectionsflüssigkeit sei im Allgemeinen eine laue, als dem Zwecke der Auflösung der intumescirten Theile entsprechend; nur bei bedeutenden Erschlaffungszuständen, bei hochgradiger Leucorrhoe oder grosser Disposition zu Blutflüssen substituirt man allmählig niederere Grade. Auch kleine Lavements von Soolwasser finden eine passende Verwendung. Laue oder den Umständen nach kühlere Sitzbäder können an den freien Tagen das Vollbad ersetzen, oder für spätere Zeit reservirt werden, da den ohnehin geschwächten und durch die anderweitigen Proceduren stark in Anspruch genommenen Patienten kaum die Zeit für ihre nutzbare Verwendung erübrigt. Wo der Kräftezustand es erlaubt, kann nach zwei- bis dreiwöchentlicher Pause eine Wiederholung der Kur eintreten; ist hierzu keine Gelegenheit geboten, so ist im nächsten und den folgenden Jahren darauf zurückzukommen; desgleichen ist die Fortsetzung der Soolumschläge, der Injectionen etc. in der Heimath zur Unterhaltung des etwa hier eingeleiteten Resorptionsprozesses unerlässlich. Der sonstige medicamentöse oder chirurgische Heilapparat bleibt dabei nicht ausgeschlossen, ja findet oft nach einer hiesigen Kur erst sein ergiebigstes Wirkungsfeld, z. B. Aetzungen der Vaginalportion bei Geschwüren u. dgl.

Unter den Neubildungen des Uterus sind es besonders die Fibroide, die dessen Gestalt- und Grössenverhältnisse auf mannigfache Weise abändern, und durch ihre Secundärwirkungen auf das afficirte Organ wie auf den Gesammtorganismus von den eingreifendsten Folgen begleitet sind. Die Fibroide stellen bekanntlich rundliche Geschwülste von verschiedener Grösse dar, die in die Substanz des Uterus entweder frei eingebettet oder von einer lockern Bindegewebsschicht umgeben sind, und je nach ihrer Lage inmitten des Uterusparenchyms, oder ihrer Neigung sich nach der Uterushöhle oder dem Bauchfelle hin zu vergrössern, in interstitielle, submucose und subperitoneale eingetheilt werden. Ihre anatomische Structur besteht aus neugebildetem Bindegewebe nebst glatten Muskelfasern; ihr Sitz ist gewöhnlich im Körper und Grund der Gebärmutter, das umgebende Uterusgewebe in der Regel hypertrophisch, nur bei sehr grossen Geschwülsten durch den Drck atrophisch. Je näher der inneren Uterusfläche, desto stärker ist ihre Einwirkung auf die Uterusfunctionen; starke Blutflüsse, copiöse Leucorrhoe und äusserst schmerzhafte Katamenien sind ihre gewöhnlichen Begleiter; Lageveränderungen der Gebärmutter, Knickungen sind häufige Folgen, und die Druckerscheinungen auf Mastdarm, Blase und das Sacralnervengeflecht im Verhältniss zur Massenzunahme der Geschwulst; sehr bald stellt sich in Folge der langdauernden und öfter wiederkehrenden Blutverluste Anämie ein, die Allgemeinernährung leidet, Innervationsstörungen gesellen sich hinzu. Fibroide können auf einer gewissen Höhe stationär bleiben; Resorption ist mit Bestimmtheit nicht nachgewiesen; als Rückbildungsmetamorphose kennen wir die Verfettung, Verknöcherung und Verkreidung; manchmal können durch Entzündungsprocesse in ihrer Substanz oder dem benachbarten Uterusgewebe Fibroide auf dem Wege der Vereiterung und Verjauchung durch die Scheide nach aussen entleert werden. Einen andern Weg ihrer völligen Beseitigung kennen wir nicht, und unsere Behandlung ist hauptsächlich auf Bekämpfung der Folgezustände und die mögliche Rückbildung des hypertrophischen Uterusgewebes in ihrer Umgebung gerichtet. Diese beiden Indicationen bilden auch das Motiv für eine hiesige Kur, die nach den alljährlich gemachten Erfahrungen nach dieser Seite hin das Mögliche leistet. Einmal habe ich ein ziemlich umfangreiches Uterusfibroid, das durch seinen Druck auf die benachbarten Theile die seltsamsten Nervenerscheinungen, von den complicirtesten Krampfformen bis zur completen Lähmung beider Unterextremitäten, zu Wege gebracht hatte, nach einer mehrjährigen hiesigen Kur durch Eiterung sich losstossen sehen, in Folge dessen sämmtliche Krankheitserscheinungen vollkommen schwanden, und die bis dahin ledige Person eine Ehe einging, die reichlich mit Kindern gesegnet ist, unter fortdauerndem Wohlbefinden der Mutter.

Mit den genannten Uteruserkrankungen wie mit den verschiedenen Eierstocksaffectionen verbinden sich häufig, namentlich in Folge puerperaler Processe, Entzündungen des Gebärmutterüberzugs und der breiten Mutterbänder, die zu reichlichen Exsudationen um und innerhalb dieser Theile, oder zu fester Bindegewebsbildung führen, die zu spätern Verwachsungen und consecutiven Lageveränderungen der Gebärmutter Veranlassung giebt. Bei flüssigen Exsudatmassen leiten unsere Quellen den Resorptionsprocess und durch ihn oft vollständige Restitution ein; bei Verwachsungen, Lageveränderungen vermögen sie wenigstens grosse Erleichterung zu verschaffen.

Nach Anfzählung der wesentlichen Erkrankungsformen erübrigt es kaum, einzelne symptomatische Geschlechtsanomalien, wie Neigung zu Abortus, Sterilität u. a. besonders zu betonen: verweilen wir daher nicht weiter auf diesem sterilen Felde, und überlassen es dem denkenden Arzte, die hierhergehörigen Formen mit Rücksicht auf die zu Grunde liegenden Krankheitsprocesse selbst auszuwählen.

c. Krankheiten der weiblichen Brüste.

Theils in Folge vorausgegangener Entzündung, theils und gewöhnlich ohne dieselbe, bilden sich in der weiblichen Brustdrüse Verhärtungen und Geschwülste, die je nach ihrer Natur entweder der Rückbildung fähig, oder nur auf operativem Wege entfernbar sind.

Die als Entzündungsproduct zurückbleibende Verhärtung stellt sich als Anschwellung eines oder mehrerer Drüsenlappen mit Atrophie des Drüsengewebes dar; je nach dem Grade ihrer Entwickelung ist sie resorptionsfähig, oder bleibt stationär, oder geht durch Hinzutreten neuer Entzündung in Eiterung und Abscedirung über. Eine andere Art Brustdrüsengeschwülste bildet die allgemeine oder partielle Hypertrophie der Drüsensubstanz, s. g. Drüsengeschwulst, zu der sich noch häufig Hyperplasie des Bindegewebes und Fettes hinzugesellt. Bei allgemeiner Hypertrophie erscheint die ganze Brustdrüse oft bis zu einem enormen Umfange ausgedehnt, während bei Hypertrophie einzelner Lappen die Vergrösserung sich nur auf diese erstreckt. Der Verlauf dieser Drüsengeschwülste ist ein sehr langsamer, in der Regel schmerzloser; sie kommen sowohl bei Verheiratheten wie Unverheiratheten vor, und zählen ihrer Natur nach zu den gutartigen Formen. Rückbildung, zumal des hyperplastischen Bindegewebes, ist möglich, doch nimmt die Wahrscheinlichkeit mit der Dauer der Krankheit ab; bleiben sie stationär, so können sie ohne die mindeste Beeinträchtigung zeitlebens in diesem Zustande verharren; ihre Entstehung lässt sich gewöhnlich auf menstruale Störungen oder örtliche Reizung zurückführen. Unsere Quellen leisten bei den genannten Arten von Brusttumoren oft sehr Erfreuliches; der allgemeinen Trink- und Badekur schliesst sich die topische Behandlung mittelst Soolumschläge passend an; gelingt auch eine völlige Zertheilung nur in frischen Fällen, so wird doch ein ferneres Wachsthum in der Regel sistirt, und die gleichzeitig bestehende Bindegewebshyperplasie auf ihr Minimum reduzirt.

Als selbständige Neubildungen kommen in der Brustdrüse *Sarcome* und *Cystosarcome* vor, beide zu den gutartigen Geschwülsten zählend. Die Sarcome, aus Bindegewebshyperplasie hervorgehend, bilden Geschwülste im Drüsenparenchym, das sie allmählig verdrängen und atrophiren; entwickeln sich in ihnen kleinere oder grössere Cysten, so nennt man sie Cystosarcome. Sie erscheinen unter der Haut als runde oder gelappte Geschwülste von verschiedener Consistenz und oft bedeutendem Umfange; ihre Entwickelung geht langsam vor sich, und lässt sich, wenn auch nicht immer, auf mechanische Insulte zurückführen; das Allgemeinbefinden wird von ihnen nicht afficirt. An eine Rückbildung auf dem Wege der Resorption ist bei diesen Geschwülsten nicht zu denken, höchstens erstreckt sich diese auf das in ihrer Umgebung verdichtete Zellgewebe. Darauf allein beschränkt sich auch der Heileinfluss unserer hiesigen Quellen, wodurch oft eine später vorzunehmende Operation in ihrer Ausführung erleichtert wird.

Was nun schliesslich die s. g. bösartigen Neubildungen, die verschiedenen Krebsformen der Brustdrüse anlangt, so bedarf es für den Sachkundigen kaum der Erwähnung, dass diese eben so wenig hier, wie unter irgendwelcher Behandlung, Heilung erfahren; höchstens könnte eine allgemeine Kur Besserung der constitutionellen Verhältnisse herbeiführen, und durch etwaige Aufsaugung der in ihrer Umgebung bestehenden Exsudatmassen günstigere Aussicht für eine spätere Operation eröffnen; möglich auch, dass Recidive in weitere Ferne gerückt werden; zu warnen ist aber vor jeder localen Behandlung durch Soolumschläge u. dgl., die durch ihren Reiz nur zu rascherer Entwickelung oder gar zum Aufbruch der Geschwulst Veranlassung geben können.

Ausser den bisher geschilderten Krankheitsgattungen giebt es in *concreto* noch eine Menge specieller Erkrankungsformen, die unter bestimmten Bedingungen dem Quellenressort Kreuznach's angehören; unter Bezugnahme auf die allgemeingültige Indication genügt hier ihre kurze Erwähnung.

1) In doppelter Beziehung stehen unsere Quellen zu den verschiedenen functionellen und nutritiven Störungen des Nervensystems. Ihre Anwendung basirt einerseits auf den grossen Kreis derjenigen Fälle, die in Folge flüssiger oder plastischer Exsudate in die Umhüllungen oder das Mark das klinische Bild des Drucks oder der Reizung in den einzelnen Provinzen des Nervenapparats darstellen, und als Lähmung oder Krampf in wechselnder Folge und mannigfacher Combination in die Erscheinung treten. Wo hier unter günstigen Verhältnissen durch Resorption des bestehenden Exsudats Rückbildung möglich, können wir auf Kreuznach grosses Vertrauen setzen, so die Markelemente in ihrer Structur nicht derart lädirt sind, dass eine gesunde Innervation von ihnen aus überhaupt nicht mehr statt haben kann. Andererseits aber treten unsere Bäder durch die Möglichkeit ihrer gradativen Verstärkung zu den genannten Krankheiten in e recte Beziehung, indem wir mittelst derselben auf das ganze peripherische Hautnervensystem einen so mächtigen Reiz zu effectuiren vermögen, dass auf dem Wege der Fortleitung und des Reflexes sich ganz neue Bahnen der Ausgleichung erschliessen. So sind wir nicht nur im Stande, ein darniederliegendes Nervenleben, als Lähmung in verschiedenen Theilen sich aussprechend, durch Fortleitung des Reizes von den Hautnerven aus wieder aufzurichten; auch perverse Reizzustände des sensibeln und motorischen Apparats lassen sich durch diese kräftige Hautreizung und die dadurch erzeugte Reflexthätigkeit zur Norm zurückführen.

2) In wie naher Beziehung unsere Quellen zu den chronischen Krankheiten des Unterleibs stehen, geht aus ihrer primären Wirkung auf die Magendarmschleimhaut und ihrer secundären auf das Unter-

leibsdrüsensystem zur Genüge hervor. Dass der Unterleib den fruchtbaren Boden für die unzähligen Krankheitskeime der Ernährung abgiebt, ist eine so alte, ja triviale Wahrheit, dass es ermüdend wäre, in einer Badeschrift von Neuem dieses Feld zu beackern; auch war der Unterleib von jeher das Steckenpferd, auf dem die Brunnenmonographen ritten, so dass vom schwächsten Säuerling bis zu den Koryphäen in dieser Sphäre, Karlsbad und Kissingen, kaum irgend eine Najade sich vorfinden möchte, die nicht das eine oder das andere Gebiet des Unterleibs als ihre Privatdomäne in Anspruch genommen hätte.

Hierher gehört das ganze Heer von Stockungen und Anschoppungen in den einzelnen Eingeweiden, Leber, Milz etc., sammt den darin nistenden, den Arzt nicht weniger wie den Patienten quälenden, Plagegeistern der Hypochondrie; hierher die bunte Schaar derer, die an den wirklichen oder vermeintlichen Folgen blinder oder fliessender Hämorrhoiden leiden, und in ein paar Tropfen abgehenden Blutes die Morgenröthe einer neu aufgehenden Lebenssonne begrüssen: nicht fehlen jene wohlgenährten Fünfziger, die, ergraut in den Freuden der Venus und des Bacchus, ihren gichterstarrten Gliedern neue Geschmeidigkeit in der Umarmung der reinen Najade zu gewinnen hoffen, um zum Danke einen neuen Cyclus im Dienste jener gefeierten Gottheiten zu beginnen. Noch eine Menge benannter und namenloser Gestalten drängt sich hinzu; alle erwarten Heil von Kreuznach's „brom- und jodhaltiger" Quelle: doch diese ist spröde, und gewährt nur denjenigen ihre Gunst, die in ihrem Krankheitspasse irgend eine Anwartschaft auf scrofulöse oder herpetische Descendenz aufzuweisen haben. Sapienti sat!